엄마의 자존감 공부

천 번을 미안해도 나는 엄마다

엄마의 자존감 공부

When Mom Grows, the Child Blooms

김미경의
인생 수업
2

김미경 지음

awake

개정증보판
Prologue

오늘 엄마의 말이
아이의 미래다

『엄마의 자존감 공부』을 다시 펴내며

　이 책이 나온 지 어느덧 8년이 흘렀다. 꽤 오랜 시간이 지났지만 지금도 강의나 모임에 갈 때마다 애독자들을 만난다. 얼마 전에 만난 한 병원장님도 이렇게 말했다.
　"이 책을 너무 늦게 읽었어요. 좀 더 일찍 읽었다면 사춘기 아들을 훨씬 잘 품어줄 수 있었을 텐데 정말 아쉽더라고요."
　이제 장성한 아들의 사춘기 시절을 여전히 떠올리는 그분을 보면서 새삼 느낀다. 자녀의 일만큼은 그 어떤 부모도 유능하게 대처하기가 쉽지 않다는 것을, 시간이 흘러도 마음속에 사무쳐 있음을. 나 역시 그랬다. 그저 기다리고 이해해줬으면 자기 길을 알아서 찾아갔을 아이들을 내 불안 때문에 쉼 없이 다그쳤다. 마치 한 평짜리 링에서 아이와 치고받고 싸운 느낌이랄까. 그때는 링 밖으로 나가면 세상이 끝나는 줄 알았다. 이 작은 링 안의 규칙으로 뭔가 만들어야 한다는 압박감에 아이와 끊임없이 부딪쳤다.

"넌 왜 이렇게 생각이 없어!"

돌아보니 생각이 없어서가 아니라 생각이 있어서 그랬던 거였다.

"넌 꿈이 없니?"

지나고 보니 꿈이 없는 게 아니라 '아직' 없었을 뿐이다.

"너는 왜 이렇게 엄마 말을 안 들어!"

나중에야 내 말이 틀려서 안 들었다는 것을 알았다.

이제는 안다. 진짜 문제는 아이가 아니라 '나'였다는 것을. 그러나 링 안에 있을 때는 이런 얘기가 전혀 안 들린다. 세상은 한 평짜리 링보다 훨씬 넓고 크다는 것이 그때는 안 보인다. 시간이 좀 흘러야 그때 내가 얼마나 바보짓을 했는지 알게 된다. 불행 중 다행인 것은 링 안에서 치열하게 싸운 끝에 내가 아이와 함께 링 바깥 세상으로 나오는 방법을 깨우친 것이다.

요새도 자녀 교육 강의를 나갈 때면 나는 엄마들에게 묻는다.

"아이가 지하 10층일 때 엄마 위치는 어디라고요?"

그러면 놀랍게도 "지하 11층!"이라고 한목소리로 외친다. 이 책을 읽은 엄마들이 아예 그 대목을 외워버린 것이다. 이 얘기인즉슨 엄마들이 그 장면을 내 이야기 같아 가장 공감했고, 공감한 만큼 가장 많이 반성했다는 뜻일 게다. 저 잘되라고 공부시키고 잔소리했던 게 지상 10층 꼭대기에서의 외침이었다는 것을, 지하 10층 아이에게는 너무 아픈 말이었다는 것을 깨달았다는 뜻이다. 이 책 덕분에 아이를 기다릴 수 있었고 아이가 자신만의 길을 찾아갈 수 있었다고 말하는 엄마들을 볼 때마다, 나는 이 책의 주인공인 나의 세 아이에게 진심으로 감사해한다.

*

이 책이 세상에 나와 독자들과 연결되는 사이에, 50대 중반이었던 나는 60대에 접어들었고, 사춘기를 막 지나던 세 아이도 모두 성인이 됐다. 이쯤에서 '양육은 이제 끝'이라고 선언하면 좋으련만, 사람이 자라고 성장하는 걸 옆에서 지켜봐주는 일에는 끝이 없는 것 같다. 성인이 된 세 아이 모두 각자의 나이에 걸맞게 자기에게 다가온 문제를 해결하면서 여전히 크고 있다. 예전에는 학업과 진로를 고민했다면, 지금은 취업과 결혼, 사회적 역할 같은 새로운 문제들과 씨름하는 중이다. 아이가 어른이 되어서도 내용이 바뀔 뿐 부모 역할은 여전하다.

　어른의 부모도 역할이 있다는 것을 알려준 분이, 바로 몇 해 전 돌아가신 나의 친정아버지다. 아버지가 떠난 지금에서야 나는 아버지가 나에게 얼마나 중요한 사람이었는지 문득문득 깨닫는다. 이를테면 이런 것이다. 내게 좋은 일이 생겼을 때 열 배 오버해 기뻐해주기. 내가 한 일에 대해 의미 부여 해주기.

　아버지의 부재를 뼈저리게 느낀 건, 얼마 전 미국에서 영어로 첫 강의를 했을 때였다. 당신이 살아 계셨다면 아마 한 달 내내 내게 전화해 신이 나서 말씀하셨을 것이다.

"미경아, 너 이번에 미국 가서 강연한 거 말여. 그거 보통 일이 아니다. 너 나이 60이 다 돼서 미국 가서 강연하는 거 아무나 못 하는 겨. 주변에서 들어보니까 명문대 나온 영어 교수들도 쉽지 않은 일이라더라. 근데 너처럼 유학도 한 번 안 가본 사람이 다 큰 어른들 앉혀놓고 강의를 한다? 이거 보통 대단한 일이 아닌 거여."

지금은 이 말을 들을 수 없으니 아무리 대단한 성취를 해내도 뱃속이 헛헛하다. 내가 한 모든 일을 열 배 키워주고 열 배 오버해주는 아버지의 응원이 나를 키웠음을, 나는 너무 늦게 깨달았다. 그동안 아버지의 말은 나에게 '힘 있는 예언'이나 마찬가지였다. 10여 년 전, 아버지는 방송에 나온 내 강의를 보고 이렇게 말씀하셨다.

"마흔 넘고 오십 넘은 여자들한테 여전히 꿈을 가지라고, 공부하라고 수십 년째 잔소리하는 사람은 대한민국에 너밖에 없다. 그런 잔소리를 나이 들어 어디 가서 듣겠냐? 그러니 힘들어도 네가 하는 일이 얼마나 귀한 일인지 알고 살아라."

그렇게 아버지는 내가 잊어버릴 때마다 내가 누군지 알려주셨다. 아버지 덕분에 나는 내가 귀한 일을 하는 사람이라는 것을 알았고, 나의 도전이 얼마나 큰 가치가 있는지 알았다. 아버지는 내가 가진 작은 잠재력을 찾아내 크게 만들어주셨고, 내가 꿈꾸는 일이라면 반드시 이루어질 거라고 예언하셨다. 그리고 나는 당신이 알려준 그대로의 사람이 되었다. 자식을 향한 깊은 사랑과 신뢰 없이는 결코 하지 못했을 말들이었다.

부모가 자식을 믿지 못하면 자녀가 누군지 결코 알려줄 수가 없다. '넌 그것밖에 못 하느냐'며 아프게 알려주면 그것은 또 다른 의미의 예언이 된다. 신기하게도 자식은 부모가 실망하고 비난한 그 방향으로 걸어간다. 이 이치를 깨달은 순간, 나는 완전히 마음을 고쳐먹었다.

아버지가 나의 미래를 예언해주셨듯, 나도 아이들에게 자신이 누군지 알려주고 밝은 미래를 예언하는 말을 해주려 애쓴다. 아직은 부족한 나의 응원에도 불구하고 아이들은 바깥에 나가 신나게 뛴다. 서른 살이 넘어서도 예전의 나처럼 다시 힘을 낸다. 그래서 부모 노릇은 죽을 때까지 끝이 안 난다. 나이 들어도 자녀에게 네가 누군지 끝까지 알려주는 게 엄마니까.

다만 나이에 따라 엄마의 모습은 계속 변하는 것 같다. 아이를 한창 키울 때는 '1기 엄마'의 모습으로 산다. 진짜 먹이고 입히는 엄마의 모습 그 자체다. 아이보다 서른 살 더 먹은 어른으로서 아이의 미래를 계획하고 앞장서서 아이를 끌고 나간다. 그런데 아이가 서른이 넘으면 위치가 달라진다. 동등하게 서서 같이 걸어가는 '엄마 2기'가 시작되는 것이다.

1기 때는 힘 있는 엄마였다면, 2기에는 단단한 엄마로 사는 게 중요하다. 갱년기를 이기고 60이라는 나이를 감당할 자존감을 장착해야 한다. 오늘 내가 하루를 어떻게 살아야 할지, 은퇴해서 돌아온 남편과 어떻게 살아야 할지 자녀에게 묻지 말아야 한다. 그러다 나이 80쯤 되면 '엄마 3기'에 접어든다. 나도 죽기 전까지 존엄하게 나이

드는 엄마, 병과 함께 씩씩하게 살아가는 엄마의 모습으로 살아갈 것이다. 이 모든 엄마의 시간을 지혜롭게 맞이하고 버텨내는 힘. 그것이 바로 엄마의 자존감이다.

이 책은 1기와 2기를 살아가는 모든 엄마들을 위한 책이다. 8년 만에 개정증보판을 내며 'AI 시대'를 준비하는 자세나 '7세 고시' 같은 최근의 이슈들에 대해 부모의 입장에서 반드시 생각해봐야 할 내용들을 폭넓게 다뤘다.

꽤 시간이 흘렀지만 이 책이 다시 세상에 나올 수 있게 된 것은 모두 독자 여러분의 사랑 덕분이다. 재출간을 앞두고 소망하는 것은 딱 하나. 아버지가 내게 해주셨듯, 진심으로 엄마인 당신을 응원하며 '내가 누구인지' 알려주는 책이 되기를 바랄 뿐이다. 오늘 엄마 당신이 하는 말이, 아이의 미래를 밝히는 좋은 예언이 되기를 바란다.

2025년 8월

초판
Prologue

행복한 아이를 원한다면 '자존감 공부'를 시작하자

"아이들이 어떻게 살았으면 좋겠어요?"

강의를 다닐 때마다 나는 부모들에게 묻는다. 백이면 백 명 모두가 아이들이 행복하게 살았으면 좋겠다고 대답한다. 그러면 나는 "아이들이 행복하려면 어떻게 해야 하는데요?"라고 묻는데, 이 질문에서부터 대답이 길어진다. 표현은 조금씩 다르지만 내가 만난 부모들의 얘기를 종합해보면 이렇다.

"일단 좋은 직장을 가져야 하고, 그러려면 좋은 대학을 가야 하고, 그러기 위해 지금은 공부를 열심히 해야죠."

나는 분명히 '행복'에서 시작했는데, '공부'라는 이상한 결론으로 끝난다. 결국 공부를 잘해야 행복해진다는 스토리다.

나도 시작은 똑같았다. 우리 아이들이 행복하게 살기를 원한다.

그런데 그다음 '어떻게'에서부터 다른 부모들과 달랐다. 나는 행복한 아이로 키우려면 아이가 자신에 대한 믿음이 있어야 한다고 생각한다. 매일 자신을 의심하고 부정하고 특히나 부모로부터 인정받지 못한 아이는 성장 과정에서 자신에 대한 믿음을 키울 수 없다. 반대로 스스로를 믿는 아이는 소신 있는 선택을 하고, 자신 있는 사람이 되어 행복한 삶을 살아간다.

'나는 아주 괜찮은 사람'이라는 그 믿음, 그것이 바로 내가 생각하는 자존감의 정의다. 국영수를 잘하면 대학만 잘 갈 수 있지만 '자존감'이라는 과목을 잘하면 살아가는 내내 자신의 인생을 행복하게 일궈낼 수 있다.

이런 깨달음을 얻기까지 난 사실 '바보 엄마'였다. 잘나가는 아이를 둔 친구들을 만나면 불안해졌고 내 아이들이 한심해 보였다. 그중에서도 가장 한심했던 녀석이 고등학교를 자퇴한 둘째 아들이었다. 그때 나는 아들의 자퇴 때문에 완전히 넋이 나갔다. 아들보다 더 두려워했고 초조해했다.

"너 지금 중졸인 거 아니? 엄마가 정말 미치겠다. 널 도대체 어떡해야 하니?!"

그런데 내 한숨과 질책 속에서도 아들은 언뜻언뜻 무언의 말과 행동으로 내게 계속 메시지를 보내고 있었다.

'엄마, 지금 나 엄청 지질해 보이지? 근데 사실 나 괜찮은 사람이거든? 나 잘 살 수 있어!'

'이 녀석 마음속엔 대체 뭐가 있길래 이럴까?' 하고 생각해보니 아들뿐이 아니었다. 큰애에게도 그런 면이 있었다. 천성이 느려 터진 큰애의 느긋한 속도는 언제나 나를 조급하게 만들었다. 저렇게 커서 뭐가 될까 싶었지만 큰애는 스무 살을 넘기자 자신의 속도로 자신만의 인생길을 찾았고, 지금은 자신의 꿈을 향해 잘 성장하고 있다.

문득 아이들 옛 모습이 떠오르는 날이 잦다. 그러던 어느 새벽에 이런 깨달음이 나를 찾아왔다.

'양육은 엄마의 위치에서 하는 것이 아니라 아이의 위치에서 하는 거구나!'

나의 끊임없는 잔소리와 간절한 바람이 아이들에게 통하지 않았던 이유는 그것이 아이들이 아닌 '나'로부터 시작된 것이었기 때문이다. 그제서야 나는 내가 원하는 대로 속도와 성취를 지시하고 따라오라고 강요하는 것이 양육이 아니라는 것을 비로소 알아차렸다.

깨달음을 얻은 이후로 나는 아이의 위치로 양육의 장소를 옮겼다. 처음 가본 그곳엔 의외의 것들이 있었다. 바로 아이들 마음 깊숙이 뿌리박혀 있던, '나는 원래 괜찮은 사람이야'라는 자존감이었다.

친구들과 비교해보면 지금 스스로가 처한 상황이 한없이 지질하고 한심해서 차마 자신을 드러내놓기 민망했을 그 마음. 아들의 마음 속 깊은 곳에 자신도 믿기 어려울 만큼 큰마음이 존재하고 있었다.

그날부터 나는 아들에게 너무나 미안했다. 아들의 손을 잡고 수십 번 미안하다고 말해주었다. 내 아들을 위해서 천 번을 미안해도 다시 엄마가 되어야 했다. 그때부터 나는 아들에게 네가 얼마나 괜찮은 아이인지를 알려주기 시작했다.

"대개 불행은 인생의 터닝 포인트 역할을 하려고 오는 거거든. 넌 정말 잘될 거야. 왜냐고? 자퇴했으니까!"

처음엔 이게 말이 되나 싶었는데 이 말은 거짓말처럼 현실이 되기 시작했다. 아들은 아주 천천히 변화하기 시작했다. 아들을 지지하고 있는 바탕에는 '엄마처럼 자존감 강한 사람이 믿어주니까 나는 정말 괜찮은 사람이야!'라는 스스로에 대한 믿음이 있었다. 엄마의 자존감과 아들의 자존감이 만나 서로가 서로를 키워주면서 만들어낸 성과는 상상 이상이었다. 아들은 스스로를 다시 일으켜 세웠고, 나는 진짜 엄마로 거듭났다. 아들을 통해 쉰네 살 나이에 걸맞은 자존감을 갖게 된 것이다.

지금 우리 집엔 아주 괜찮은 세 명의 아이가 있다. 세 아이는 각자 다른 성품을 가지고 태어났고, 좋아하는 것도 잘하는 것도 서로 다르다. 무엇보다 세 아이 모두 서로 다른 장점을 여럿 가지고 있다.

물론 엄마인 나와도 다른 특별하고 고유한 성품들이다. 배짱이 만만찮은 요식업 관련 일을 하는 큰딸, 재즈 음악을 하는 감성 충만한 둘째 아들, 그리고 욕심 많고 손도 빠른 공부 우등생 막내.

그렇다면 우리 집에서 가장 대접을 받는 아이는 누구일까? 우리 집에서는 모두 다 천재 대접을 받는다. 큰딸은 요리 천재, 아들은 감성 천재, 막내는 공부 천재. 오히려 공부 잘하는 막내가 비교적 별 대접을 받지 못한다. 이유는 간단하다. 공부는 세상에 존재하는 천 가지 재능 중 하나일 뿐 공부를 잘한다고 나머지도 잘하라는 법이 없기 때문이다.

정말 대단한 것은 우리 집 아이들은 모두 '자존감 천재'들이다. 자신이 아주 괜찮은 사람이라고 생각하고 '나는 잘될 거야, 행복할 거야'라는 믿음을 가지고 있다. 물론 나도 자존감 부분에선 빠지지 않는 사람이다. 세 아이의 자존감을 키워주는 동안 내 자존감도 더 단단해졌으니까.

우리 아이들은 엄마인 나를 제각각 부른다. 큰아이는 나를 '동지'라고 부른다. 내가 가장 엄마 같지 않은 엄마였던 시절에 태어나 둘이서 참 많이 싸우고 고생하면서 여기까지 서로가 커온 과정을 다 지켜봤기 때문이다. 큰아이는 내 생일 카드에 늘 이렇게 쓴다. "사랑하는 나의 엄마이자 동지께." 나는 그 문장에 담긴 진한 감정이 무엇인지 정확히 안다. 아들은 "나의 엄마, 그리고 나의 은인"이라고 편지의 첫말을 뗀다. 자퇴를 하고 긴 사춘기를 지나 자신의 꿈을 향해가는 고단한 항해를 내가 함께했기 때문이다. 그렇다면 막내는 날 뭐라고 부를까? 막내가 나중에 나를 뭐라 부를지가 나는 가끔 궁금해지곤 한다.

요즘 나는 엄마 노릇이 참 재미있다. 아이들의 위치에서 아이들의 인생을 지원해주며 관전하는 재미가 쏠쏠하다. 내 방문은 아이들을 위해 언제나 열려 있다. 아이들이 살다가 힘들 때, 자존감이 바닥을 칠 때 내 방문을 두드리고 내 품에 안겨 자존감을 마음껏 충전해 간다. 그러기 위해 내 자존감을 늘 충전해놓는 것이 나의 임무다. 나는 항상 즐겁게 살고, 노력을 통해 뭔가를 이루어내고, 우울함에 빠지지 않으면서 매일 성장하려 한다. 아이들에게 나누어줄 자존감 텃밭을

늘 풍성하게 가꿔두기 위해서다.

　엄마로 살면서 모든 걸 잘할 수는 없다. 엄마는 신이 아니다. 엄마도 실수를 한다. 아이들에게 미안한 일이 한두 가지가 아니다. 그러나 매일매일 미안해도 우리는 엄마로 살아야 한다. 천 번을 미안해도 엄마로서의 자존감을 채워가야 한다.

　엄마라면 나와 아이의 행복을 위해 자존감을 공부해야 한다. 자존감이 무엇인지, 왜 중요한지, 어떻게 연습할 수 있는지, 어떻게 서로를 키워줄 수 있을지 스스로가 알아내야 한다. 그 소중한 여정에 내가 30여 년간 먼저 해왔던 경험과 해석법이 조금이라도 도움이 됐으면 하는 바람뿐이다.

　어느덧 찬바람이 불어오는 초겨울, 엄마로 살아가는 당신을 온 마음으로 따뜻이 안아주고 싶다.

2017년 11월

Contents

개정증보판 Prologue 오늘 엄마의 말이 아이의 미래다   4

초판 Prologue 행복한 아이를 원한다면 '자존감 공부'를 시작하자   10

Part 1   아이의 탄생을 이해한다는 것

아이의 첫 번째 마음, 자존감	23
나는 참 괜찮은 사람이야	29
자존감은 홈메이드다	36
아이는 고유한 영혼으로 탄생한다	43
막내가 뽑은 최고의 직업	48
아이가 가진 다섯 가지 천재성	49
아이를 99칸에서 키워라	55
스스로 완성할 수 있는 기회를 주자	59
엄마의 눈으로 아이를 키워라	64
아이 양육은 '20년 프로젝트'가 아니다	66
아이를 위해 옆집과 헤어져라	71
아이에게 몰아준 꿈의 함정	77
아이들과의 수행 놀이	82

Part 2 사춘기 엄마로 사는 법

문 닫으면 수도승, 나오면 조폭	87
죄책감이 아이에게 가장 위험하다	94
엄마는 아이의 첫 번째 은인이어야 한다	99
엄마 나 외로워	104
깊이가 높이다	105
아이에게 저녁 7시를 선물하는 법	110
내가 아이를 망치고 있지는 않은가?	116
자식이라는 종합선물세트	125
아버지의 잘난 척이 제일 위험하다	127
'7세 고시'는 아이를 위한 걸까?	135
아이와 통하는 엄마의 대화법	143
엄마가 시험 때 왜 필요해?	147
정상입니다	151

Part 3 엄마의 인생 해석법이 아이를 키운다

아이들의 아껴둔 운을 믿어보자	155
자신감이 없다는 아이에게	158
아이가 자신의 실패와 마주하는 법	164
힘들지? 엄마도 그랬어	171

밀어주지 말고 안아줘라	173
협상이 가능해야 도전도 가능하다	177
사회성이 부족해도 괜찮아	182
해결사 말고 해석사	187
당당한 어른으로 키우는 법	189
아이들의 꽃대를 빨리 보려 하지 마세요	194
생각은 엄마가 할게	198
AI 시대에 살아남는 아이들의 공통점	204
어린이날 큰딸 선물	210

Part 4 엄마가 된다는 건 기회다

엄마 리더십	215
엄마의 자존감 나이는 몇 살인가?	223
모든 모성은 옳다	228
막내의 토토로 도시락	233
산후우울증이 던지는 질문, '그럼 나는?'	234
나만의 자존감 지지대를 만들어라	238
열정을 연습하는 법	244
오늘 하루를 꽉 채우는 법	248
엄마도 2학기가 시작된다	251
오늘이 1월 1일이다	252

Part 5 자존감 있는 엄마로 똑똑하게 사는 법

나는 잠룡이다	257
생계를 지키다 보면 꿈으로 간다	260
아이와 시간을 나눠 쓰자	264
엄마와 아이의 독립 본능을 키워라	267
엄마는 똑똑해야 한다	273
무능을 직시해야 유능해진다	275
부족한 편안함을 즐겨라	279
엄마 노릇 힘들지?	282
집으로 돌아가는 워킹 맘에게	283

Epilogue 천 번을 미안해도 나는 엄마다   286

Part 1

아이의 탄생을
이해한다는 것

아이의
첫 번째 마음,
자존감

나는 스물여섯 살에 첫아이를 낳았다. 첫 출산은 세상에 태어나 처음으로 겪어보는 치열한 몸의 사투였다. 친정 엄마는 하늘이 노래져야 애가 나온다고 했지만 하늘이 무지개 색깔로 변해도 애는 나올 기미가 없었다. 열여덟 시간 이상의 진통 끝에 제발 수술해달라고 의사를 붙들고 울 때쯤에서야 아이의 머리가 보이기 시작했다.

'이제 아이가 나올 준비가 된 것 같다'는 의사의 말에 감격해서 휠체어가 도착하기도 전에 맨발로 걸어 분만실에 갔다. 그런데 막상 힘을 줘야 할 때가 오자 온몸에 기운이 빠져버렸다. 열여덟 시간 동안 진통하느라 몸이 늘어져버린 것이다. 그러자 의사가 다급한 목소리로 외쳤다.

"김미경 씨, 힘을 줘야 돼요. 엄마가 되려면 죽을힘을 다해야죠. 지금 아기도 죽을힘을 다해 나오려고 애쓰는데 엄마가 돼서 이 정도 힘도 못 내면 안 되죠!"

그러나 의사의 협박 같은 조언은 내 귀에 들리지도 않았다. 그저 빨리 낳아서 이 고통을 어서 끝내고 싶다는 생각뿐. 때마침 분만실 밖에서 친정 엄마의 목소리가 들렸다.

"미경아, 죽을힘을 다혀! 주여~ 세 번만 외쳐봐. 그럼 아기가 나올 겨!"

"주여~ 주여~ 주여~!"

아이의 울음소리가 들려왔다. 그렇게 나는 첫아이를 낳았다. 사람이 죽을힘을 다한다는 게 어떤 건지 나는 그때 처음 알았다. 엄마는 죽음과도 같은 고통의 끄트머리에서 탄생을 만나는 경험을 한다. 하루를 꼬박 죽을힘을 다한 사투 끝에 나는 엄마로 '탄생'했다.

내게는 세상에서 가장 아름다운 '마음속 그림'이 있다. 퇴원하던 날, 너무나도 작고 소중한 우리 보물을 안고 있던 남편, 그리고 그의 뒤에서 따라 걷고 있는 나를 담은 그림. 그날 나는 정말 좋은 엄마가 되겠다고 마음속으로 다짐했다.

그러나 아름다운 그림은 얼마 가지 않았다. 육아 전쟁이 시작된 것이다. 하루에 열 번도 더 젖을 물리고, 이유 모를 아이의 보챔을 달래느라 밤새 진땀을 흘렸다. 아이가 새로운 반응을 보일 때마다 불안함에 육아 사전을 보고 또 봤다. 처음 해보는 엄마 노릇은 실수투성이였고, 실전이 아닌 '연습' 자체였다. 먹이고 입히고 씻기고 잠을 재우는 모든 일이 서툴고 불안했다. 세상의 모든 엄마처럼 나 역시 가장 절실했던 것은 '잠'이었다. 아무것도 필요 없고 하루만이라도 실컷 자보는 게 소원이었다.

그런데 신기했던 것은 그렇게 힘들면서도 힘들지 않았다는 사실이다. 아이는 열 번 힘들게 하면 반드시 열 번 예쁜 짓을 해서 나를 웃게 해줬다. 그렇게 매일매일 열 번씩 울고 열 번씩 웃으면서 엄마가 됐던 것 같다.

●

탄생의 순간, 아이가 느낀 자존감

지금 내게는 세 아이가 있다. 내가 저지르는 모든 실수를 온몸으로 겪으면서도 잘 자라준 큰딸, 엄마 노릇이 조금 덜 서툴 때 태어나 자란 둘째 아들, 운 좋게도 내가 베테랑 엄마가 되어서 시간을 함께 보낼 수 있었던 막내딸. 세 아이를 기르면서 나는 조금씩 엄마의 모습을 제대로 갖춰갔다. 그런데 생각해보면 엄마 노릇은 그저 많이, 오래 해봐서 느는 게 아니다. 어쩌면 열 명을 길러도 몰랐을 '육아의 비밀'을 운 좋게도 나는 한순간에 깨달았다.

막내가 세상에 나온 날, 출산은 역시나 힘들었지만 이미 출산의 전 과정을 두 번이나 겪어봤기에 크게 두렵지는 않았다. 양수가 터져 병원으로 향하는 차 안에서부터 진통이 시작됐다. 첫애 때와는 달리 여유 있게 신발도 신었고, 병원에 도착하자 침대에 누워서 분만실로 들어갔다. 본격적으로 배가 뒤틀리자 아이와 나는 하나의 목적을 가지고 치열하게 사투를 벌였다. 그 하나의 목적은 바로 '탄생'이었다. 첫애 때는 아프기만 하고 정신이 혼미해져 느끼지 못했던 아이의 목소리가 희미하게 들리기 시작했다.

'엄마의 자궁에서는 더 이상 안전하게 살 수 없어. 이곳에 더 머물면 나는 죽을지도 몰라. 이젠 나가야 해. 나가는 게 너무 힘들고 또 힘이 빠질지도 모르지만 나는 해낼 거야. 엄마가 도와줄 테니 난 여기서 나갈 수 있어. 엄마의 자궁 문이 열리고 엄마가 힘을 주면 나도 그때 죽을힘을 다해 몸을 틀어 여길 빠져나가야 해.'

아이는 엄마 혼자 낳는 것이 아니다. 그 어린 생명 역시 세상 밖으로 나오기 위해 겨우 3킬로그램의 작은 몸으로 죽음과 싸워 탄생을 쟁취한다. 그것이 바로 출산이라는 사실을 셋째를 낳을 그제야 처음으로 깨달았다. 나 혼자만의 힘으로 낳고 나 혼자만의 힘으로 엄마가 되는 것이 아니라 아이도 나를 엄마로 만들어주기 위해 죽을힘을 다한다. 세상에서 가장 위대한 탄생을 스스로의 힘으로 이뤄낸 엄청난 생명체가 바로 내 아이인 것이다.

그렇다면 이렇게 죽음을 통과해 생명을 쟁취해낸 아이 안에는 과연 무엇이 있을까? 겨우 3킬로그램 정도인 아이의 몸 안에는 어마어마한 것이 들어 있다. 바로 세상에 나온 것만으로도 충만한 생명의 자부심이 그것이다.

'나는 참 괜찮은 사람이야.'

'나는 이미 절반은 해낸 거야.'

스스로를 죽음에서 탄생으로 이끌어낸 엄청난 힘, 사는 내내 자신이 얼마나 소중한 사람인지, 얼마나 훌륭한 사람인지 알려줄 그것.

세상에 태어난 아이의 첫 번째 마음이 바로 '자존감'이다. 모든 아이는 죽음을 통과해서 탄생으로 나온다. 그것만으로도 인생에서 가장 위대하고 훌륭한 일을 해낸 거다.

'이렇게 어렵게 죽음을 통과했어. 나는 진짜 괜찮은 사람이야.'

신생아라서 말은 못해도 아이는 이 감정을 마음속 깊숙이 갖고 있다. 엄마들은 대개 아이는 백지 상태로 태어난다고 생각한다. 아이는 꽤나 당찬 성취감을 느끼는데도 아이를 탄생부터 제대로 인정해주지 않는다. 그저 내가 힘줘서 아이가 빠져나온 것으로만 생각한다. 말로는 귀한 내 자식이라고 말하지만 정작 왜 귀한지 모른다. 아이가 귀중한 이유는 아이 스스로 배 속에서부터 자존감을 갖고 죽음을 통과해 탄생했기 때문이다. 그러니 엄마들은 아이가 탄생 과정에서부터 이미 충분히 괜찮은 존재라는 것부터 인정해줘야 한다.

아이를 잘 기른다는 건 잘 먹이고 입히는 것만이 아니다. 그건 절반에 불과하다. 나머지 절반은 아이의 첫 번째 마음인 '자존감'을 키워주는 일이다. 막내를 낳으면서 깨달은 탄생의 비밀, 죽음과 탄생을 맞바꾼 용감하고 훌륭하고 자존감 충만한 생명을 내가 키우고 있다는 사실은 내 육아 철학을 완전히 바꾸어놓았다. 그것이 바로 '자존감 육아'다.

지금도 열심히 크고 있는 중학생 막내를 보면 14년 전 내 배를 통과해서 탄생한 아이가 보인다. 어렸을 때도 말은 못했지만 눈빛으로 다 말하고 있었다. 걸을 때 칭찬하면 의기양양해했고 말을 배우기 시작할 때도 자신감이 넘쳤다. 받아쓰기를 몇 문제 틀렸을 때도 내가 괜찮은 사람이라고 말해주기를 기다렸고, 내가 그렇게 말해줬을 때 굉장히 안도했다. 지금 이 순간에도 자신의 꿈을 향해 용기 있게 도전하고 더 괜찮은 사람이 되기 위해 애쓰고 있다.

나는 그런 막내를 보며 확신하게 됐다. 모든 아이는 태어날 때 갖고 나온 자존감만 잘 키워주면 자기를 위해 가장 적절한 판단을 하며 스스로의 인생을 행복하게 만들어가는 존재라는 것을. 아이의 첫 번째 마음, 자존감이 바로 모든 육아의 시작이다.

나는
참 괜찮은
사람이야

 엄마들도 처음이라 다소 미숙하긴 하지만 엄마 노릇을 꽤 잘하는 편이다. 모르면 주위에 물어봐서라도 아이를 건강하게 잘 키우려고 애쓴다. 넘어져 다치지 않게 잡아주고, 아프지 않고 활력 있게 자랄 수 있도록 잘 먹이고, 잘 걷고 잘 달릴 수 있도록 아이를 튼튼하게 키우려고 무지 애를 쓴다. 아이는 밥만 잘 먹어도 그렇게 기특하고, 안기며 뽀뽀 두 번만 해줘도 예쁘다. 그렇게 눈만 마주쳐도 서로 까르르 웃으면서 아이의 자존감은 쑥쑥 큰다.

 문제는 아이가 학교에 들어가면서부터 시작된다. 일곱 살까지의 마음은 어떻게 키워줘야 하는지 알고 있지만, 여덟 살부터는 서서히 아이의 마음을 키우는 법을 잊어버리기 시작한다. 몸은 건강하게 키우려고 갖은 애를 썼으면서, 아이의 마음을 돌보고 키우는 일이 얼마나 중요한지를 놓쳐버리는 것이다.

세상이 주는 상처로부터 어떻게 하면 아이가 스스로를 지킬 수 있을지, 어떻게 하면 아이가 열정을 가지고 행복하게 살 수 있을지를 더는 연구하지 않는다. 당장 아이의 '머리'를 키우는 게 급하기 때문이다. 온 국민이 뛰는 레이스에서 뒤처지지 않으려면 눈앞에 보이는 성적부터 해결하는 게 먼저다. 그러니 부모는 아이에게 늘 요구한다. 노력한 결과와 성과를 가져오라고. "몇 점 받았니?", "몇 개 틀렸니?"라는 질문으로 아이들과 거래가 시작된다. 그리고 만족할 만한 결과가 나오지 않으면 아이의 마음에 크고 작은 생채기를 낸다. 결국 아이가 갖고 태어난 첫 번째 마음, 자존감을 키워주기는커녕 무너뜨리는 결과를 낳는다.

생명이 커나가는 데 가장 중요한 감정이 자존감이다. 자존감은 스스로 '나는 괜찮은 사람이야'라고 느끼는 감정이다. 남들이 뭐라고 하건 간에 내가 나 스스로를 인정하고 귀하게 여기는 감정이다. 이런 자존감은 살아가면서 가장 중심이 되고 밑바탕이 되는 감정이라서 갑자기 사라지거나 생기는 게 아니다. 몸이 커가듯이 자존감도 서서히 자라면서 인생에 크고 작은 영향을 끼친다. 마치 '마음의 필터'처럼 일상의 모든 감정과 사건들은 일단 자존감을 통과한다. 그리고 자존감의 크기에 따라 전혀 다른 모습으로 해석되는 것이다.

자존감 필터가 큰 사람들은 바윗돌만 한 사건도 조약돌처럼 만들어내거나 아예 사라지게 만들기도 한다. 예를 들어 작은 스트레스가 매일 반복됐을 때 자존감이 큰 사람, 스스로가 괜찮은 사람이라고 믿는 이들은 남이 아닌 나를 위해 가장 괜찮은 해석을 하려고 애쓴다. '불행을 잘게 나눠 쓰는 중이니 참을 수 있어'라고 생각하는 것이다. 그러나 자존감 필터가 작은 사람은 사소한 스트레스도 감당하지 못하고 자리에 누워버린다. 믿었던 누군가에게 배신당한 사건이 커다란 필터를 통과하면 '그 사람과의 인연이 거기까지였으니 그만 잊자'가 된다. 반면에 작은 필터를 통과하면 '세상에 믿을 놈 하나 없다'는 분노와 마음의 병이 되기도 한다.

자존감은 불행을 행복으로 해석하는 필터다. 자존감이 크면 클수록 불행을 행복으로도 해석하고 완전히 사라지게 만들기도 한다. 나를 귀하게 여기는 만큼 나를 위한 가장 행복한 결론을 내는 것이다. 하지만 자존감이 작으면 작은 불행을 오히려 크게 확대하기도 한다. 모든 사건이 '큰일 났다, 나 어떡하지?'로 결론이 나는 것이다. 스스로를 '괜찮은 사람'이라고 생각하면 괜찮은 선택을 하고, '쓸모없는 사람'이라고 생각하면 매번 쓸모없는 선택을 하게 된다. 아주 사소한 일상의 선택까지도 조절하고 결정하는 힘이 바로 자존감이다.

부모의 사랑으로 자라는 아이의 자존감

자존감의 세계에서는 어른이나 아이나 다를 것이 없다. 열다섯 살 사춘기 때 아무리 방황하더라도 '그래도 나는 괜찮은 사람이야'라는 느낌을 가져야 하고, 스물여덟 살이라면 그 나이에 걸맞은 자존감을 가져야 크고 작은 상처가 나도 자신을 일으켜 세울 수 있다. 자존감이 야말로 '스스로 나를 지키고 키워가는 힘'이다. 우리 모두는 태어날 때부터 이런 자존감을 갖고 있으며, 몸이 커나가는 만큼 자존감도 함께 커나가야 한다.

몸이 크려면 영양분이 필요하듯, 자존감도 부모의 사랑과 믿음이라는 양분을 먹고 자란다. 그런데 만약 부모가 그 양분을 제대로 주지 못하면 어떻게 될까? 양분은커녕 아이 마음에 상처와 불안을 지속적으로 준다면 어떻게 될까? 아이는 성장을 멈춰버리게 될 것이다. 어릴 때 척추에 큰 손상을 입거나 영양실조에 걸리면 키가 자라지 않듯, 마음의 양분이 없다면 마음의 키가 더는 자라지 않게 된다. 그리고 이 후유증은 생각보다 너무나 오래간다.

내 대학 동창들 중에는 누가 봐도 잘나가는 친구들이 많았다. 머리가 좋아서 뭐든지 최고의 성적을 내는 친구도 있었고, 아버지가 국회의원인 데다 집도 부자였던 엄친딸도 있었다. 가진 것만 보자면 누구보다 똑똑하고 행복하게 살았을 친구들이었다. 그런데 30여 년이 훌쩍 지난 지금, 그들이 내게 가장 자주 하는 말이 있다.

"미경아, 사는 게 사는 것 같지가 않아. 이렇게 사는 건 아닌 것 같은데, 그렇다고 어떡해야 할지도 모르겠어. 이번 생은 글렀나 봐."

나중이 돼서야 친구들이 왜 그런 말을 하는지 알게 됐다. 그 친구들은 어릴 때부터 부모의 목표를 대신해서 이뤄주는 일종의 '프로젝트'로 살면서 자존감에 큰 상처를 받았다. 한 친구는 결국 부모를 자신의 인생에서 떼어냈다. 물에 빠지면 지푸라기라도 잡듯이 생명과도 같은 자신의 자존감을 지키기 위해 엄마의 곁을 떠나버린 것이다. 그럼에도 여전히 그 상처가 너무나 깊고 아파서, 그 상처를 치료하느라 평생 자신의 꿈을 펼쳐보지 못한 채, 갖고 있는 재능을 제대로 써보지도 못한 채 평생을 보냈다. 그리고 지금까지도 부모를 원망하고 있었다. 몸은 이미 환갑인데 자존감 나이는 여전히 억울하기만 한 열두 살에 머물러 있는 것이다.

나는 지난 30년간 이런 이들을 수없이 봐왔고, 지금도 종종 목격하고 있다. 나를 낳아준 사람, 어릴 때는 세상의 전부와 다를 바 없는 부모에게서 인정받지 못하고 사랑받지 못한 상처는 삶 자체를 무기력하게 만들어버린다. 나를 지키는 힘이 없으니 사소한 일에도 흔들리고, 나를 키우는 힘이 없으니 하고 싶은 게 생겨도 도전하지 못한다. 아무리 좋은 머리로도, 아무리 좋은 집안 배경을 가져도 스물다섯 살 이후 놓친 자존감 문제만큼은 결국 해결하지 못한다.

스스로 영혼의 펌프질을 멈춘 이들은 평생 부모의 숙제가 된다. 아무리 옆에서 펌프질을 해줘도 멈춰버린 아이의 심장을 다시 뛰게 하기는 너무 힘들다.

●

국영수 실력보다 자존감이 중요하다

그런 면에서 보자면 나는 정말 운이 좋았다. 그 친구들에 비하면 가진 것도 별로 없고 머리도 좋지 않았지만, 적어도 내 부모님은 내 자존감이 정상적으로 성장할 수 있도록 키워주셨다. 필요 이상으로 공부를 강요하거나 당신들의 뜻대로 통제하시지 않았다. 그리고 인생에 고비가 찾아올 때마다 꼭 필요한 조언과 따뜻한 위로를 주셨다. 덕분에 나는 부모님 곁을 떠난 스무 살 이후부터 독립적으로 내 삶을 꾸려갈 수 있었다.

시골 출신에 스펙도 전혀 없었지만 나는 남들을 곁눈질하며 기죽지 않고 스스로를 격려하며 키워갔다. 당장 버거운 현실이 힘겨워도 10년 후에는 잘될 거니까 천천히 가자고 스스로에게 얘기했고, 힘든 사건을 겪어도 스스로를 무너지지 않도록 다잡을 수 있었다. 내 자존감이 마치 부모처럼 나를 지켜줬고 키워줬던 것이다. 부모에게 매번 묻지 않아도, 매번 울면서 위로를 구하지 않아도 됐다. 나이에 맞게 잘 커준 내 자존감이 항상 내 삶의 동반자가 되어주었으니까.

지금까지 내가 만난 리더들, 특히 세상에 좋은 영향을 끼치는 이들은 하나같이 자신을 되게 괜찮은 사람이라고 생각하고 마음속 깊이 자신을 믿고 존중하는 마음이 가득했다. 이건 결코 교만이 아니라 내 탄생의 힘을 믿는 것이다. 이들에게는 나를 위한 가장 괜찮은 선택을 나 스스로 할 수 있다고 믿는 힘이 대단했다.

내가 엄마가 되어서 세 아이에게 가장 신경 썼던 것도 바로 아이의 자존감을 키우는 일이었다. 당장 다른 엄마들처럼 입시 정보를 꿰고 있지도, 유명 학원을 잘 알지도, 아이들 성적을 관리하는 일도 못 했지만, 아이의 심장이 스스로 뛸 수 있도록, 어떤 상황에서도 위축되지 않고 자존감의 펌프질을 계속할 수 있도록 도와줬다. 이런 내 육아 철학 덕분인지 세 아이 모두 씩씩하게 자기 꿈을 좇으며 건강하게 살아가고 있다. 기회를 만나면 열정을 불태워서 뭔가 이뤄보기도 한다.

그렇게 스스로를 아끼고 사랑하는 아이들을 보면서 나는 확신하게 됐다. 아이에게 정말 필요한 건 매일 만나는 옆집 여자의 정보가 아니라 바로 나, 엄마가 주는 '자존감'이라는 것을. 공부 실력은 공부만 잘하게 하지만 자존감은 모든 것을 잘하게 한다.

인생의 만 가지 문제를 풀어내는 최고의 기초 과목인 자존감은 감히 국영수에 비할 게 아니다. 국영수를 잘하면 대학만 잘 가지만, 자존감이 높은 아이는 그 힘으로 무엇이든 해낼 수 있다.

엄마라면 한번쯤 멈추고 생각해봐야 한다. 머리를 키우는 데만 집중하다 정작 키워야 할 마음은 쪼그라들게 만든 것은 아닌가. 오히려 아이의 자존감을 상처 내고 있는 건 아닌가. 지금 나는 아이의 자존감을 제대로 키워주고 있나. 자녀의 마음에 귀를 대고 정직하게 물어봐야 한다.

자존감은
홈메이드다

    자존감을 키우는 데는 시간이 오래 걸린다. 마치 아이의 몸이 커가듯 자존감도 매일매일 조금씩 자란다. 오늘 영양제를 먹었다고 다음 날 키가 훌쩍 크지 않듯이, 자존감도 한마디 말이나 한 가지 사건으로 훌쩍 크는 게 아니다. 오늘 먹는 음식이 시간 속에 켜켜이 쌓여서 피가 되고 살이 되듯, 자존감도 매일의 일상 속에서 조금씩 커간다.

    내 엄마 수업도 매일매일이 시행착오의 연속이었다. 다만 세 아이를 키워보니 자존감에 가장 좋은 양분이라는 게 있었다. 엄마의 뜨거운 공감, 그리고 '살리는 해석'이다. 아이가 스스로 해냈다고 느끼는 그 순간, 아이의 기쁨에 충분히 공감하고 함께 즐겨주는 것, 작은 기쁨을 큰 축제로 만들어주는 것 말이다. 고등학교를 자퇴한 둘째 아이가 제 손으로 고졸 검정고시에 붙었을 때, 나는 온 집 안을 뛰어다니며 개다리 춤을 춰댔다. 아들 녀석이 민망해하며 얼굴이 뻘게져 그만하라고 말렸지만, 아이의 얼굴에서는 자부심으로 꽉 차오르는 표정이 보였다. 자존감이 클까 말까 할 때 기쁨을 세 배로 키워주는 엄마를 보면서 아이의 위축됐던 마음이 한 뼘 더 컸던 것 같다.

예고를 다니던 둘째가 학교에 적응하지 못해 자퇴를 했을 때도 나는 아이를 지키고 살리는 해석을 했다.

"네가 훌륭한 뮤지션이 안 될 거면 자퇴라는 일이 왜 생겼겠니? 앞뒤 짝이 안 맞잖아. 그리고 엄마가 음악 하는 사람들한테 물어봤는데, 뮤지션은 자퇴 정도는 해야 먹어준대."

아이의 자존감이 쪼그라들고 있을 때 나는 오히려 자퇴가 아이의 자부심이 될 수 있도록, 희망의 근거가 되도록 살리는 해석을 했다. 별일 아니라며 지칠대로 지쳐 지하에 있는 아이를 지상으로 밀어 올렸다. 내 덕분인지 둘째는 자신을 믿고 귀하게 여기기 시작했다. 엄마가 자신에게 해준 것처럼 스스로를 인정하고, 엄마가 자신한테 해준 것처럼 자신의 마음을 지키고 아껴주게 된 것이다. 아이가 기쁠 때 위에서 세 배 더 기뻐하고, 아이가 지하로 뚝 떨어졌을 때도 뜨겁게 위로하며 밑에서 끝까지 받쳐주는 사람. 세상에 그런 사람이 누가 또 있을까. 이런 무조건적인 사랑과 믿음을 끈질기게 줄 수 있는 사람은 부모밖에 없다. 선생님도, 경쟁자인 친구도 해줄 수 없다.

그래서 자존감은 홈메이드다. 공부나 예체능 같은 지식이나 스킬은 밖에서 얻어도 되지만, 자존감은 그게 안 된다. 아이 자존감을 키워주는 양분은 부모만이 줄 수 있다. 그런데 무언가를 줄 수 있는 사람은 그 무언가를 충분히 가진 사람이어야 한다. 그러니 무엇보다 부모 자신의 자존감이 가장 중요하다. 자존감이 없는 부모는 아이에게도 자존감을 줄 수 없다. 이건 엄마라면 모두가 인정하는 진실이다. 내게 상담을 요청하는 많은 엄마들은 이런 얘기를 참 자주 한다.

"제가 어렸을 때 엄마한테 제대로 인정받지 못하고, 늘 야단맞고 비교당하면서 컸어요. 그래서 지금도 자존감이 없어서 매사에 의욕도 별로 없고 우울할 때가 많아요. 그런데 저만 그런 게 아니라 제 딸도 그래요. 친구도 못 사귀고 주눅 들어 있을 때가 많아서 너무 속상해요."

안타깝지만 어쩔 수 없는 자연의 이치다. 엄마가 자존감의 양분을 제대로 먹지 못해 마음이 자라지 못하고 영양실조에 걸렸는데 어떻게 자녀에게 양분을 줄 수 있을까. 내 마음의 상처를 제대로 치유하지 못했는데 어떻게 내 아이를 건강하게 키울 수 있을까.

나를 낳아준 사람으로부터 공감과 격려를 받지 못한 아이는 스스로와 공감하기가, 스스로를 격려하기가 너무 어렵다. 부모로부터 인정과 신뢰를 받지 못한 아이는 결코 자기 스스로를 믿어줄 수가 없다. 이것이 심해지면 자신이 쓸모없는 존재라고 생각하게 되어 자신에게 분노하거나 아니면 주변 사람들에게 분노를 쏟게 돼 있다.

아이가 이 지경까지 가 있는데 자존감이 낮은 엄마들은 아이의 이런 심리적 문제조차 늦게 알아채거나 알아채지 못하는 경우가 많다. 자신도 그렇게 길러졌고 자신의 기준도 높지 않기 때문에 아이가 분노와 우울함을 내비쳐도 그러려니 넘어가는 경우가 많다. 결국 참다 못한 아이가 이상 행동을 보이며 폭발하면 그제야 뒤늦게 아이를 끌고 병원이나 심리 상담실을 찾는다. 그러나 이 방법으로는 한계가 있다. 아이를 그렇게 만든 부모가 스스로를 고치지 않는 한, 아이의 문제는 반복될 가능성이 매우 높기 때문이다.

엄마가 자라야 아이가 큰다

결국 엄마가 자라야 아이도 클 수 있다. 엄마의 마음이 자라지 못하고 아이의 상태에 머물러 있으면 아이의 자존감이 결코 자라지 않을 뿐더러 엄마의 눈에 아이의 마음이 보이지도 않는다. 그런데 솔직히, 자존감에 자신 있는 엄마가 세상에 얼마나 될까. 한국 같은 치열한 경쟁 사회에서 부모의 전폭적인 사랑과 믿음을 받으며 컸고, 엄마 자신도 완벽한 자존감을 가지고 애들을 키운다는 엄마들을 나는 별로 본 적이 없다.

우리 모두는 어딘가 조금은 부족하고, 조금씩 아프다. 하지만 그것이 아이에게 상처가 된다면 지금이라도 부족한 자존감을 스스로 채워야 한다. 엄마 스스로도 자존감 있는 엄마로 못 자랐다고 포기하지 말고, 자존감 있는 엄마로 다시 시작해야 한다. 물론 쉽지는 않지만 그렇다고 결코 불가능하지 않다. 나만의 '자존감 공부'를 시작해 보는 것이다.

이 공부는 엄마라면 누구나 할 수 있다. 학력이나 지적 수준, 나이

같은 것은 전혀 상관없다. 오히려 많이 배운 엄마들일수록 '공부는 잘하지만 자존감은 낮은 아이'로 키우는 경우를 너무 많이 봐왔다.

사회적으로 성공하고 자신만만한 사람이 자존감도 강할 거라는 건 착각이다. 실제로 나도 성공한 이들 중에 자존감 낮은 사람을 꽤 많이 봤다. 내 성공을 해석하는 필터가 없는 부모들은 자신의 교만함으로 아이를 여과 없이 내리친다. '잘난 부모 밑에 망가진 자식'이라는 드라마 공식이 괜히 나온 게 아니다.

자존감 공부는 아주 작은 데에서 시작된다. 일상 속의 아주 사소한 일부터 성취하는 '스몰윈(small-win)'을 만들어가면 된다. 자존감 초보 엄마들은 마치 초등학생 아이를 키울 때처럼 자존감 과목을 하나 골라서 작은 것이라도 혼자 이뤄보는 연습을 하는 것이 중요하다. 이유식을 열심히 만들어서 블로그에 올려본다든지, 취미로 손바느질을 해본다든지, 홈트레이닝으로 몸을 건강하게 가꿔본다든지, 어떤 것이든 괜찮다. 이런 과정을 통해 스스로가 쓸모 있게 느껴지고 주변에서 인정을 받으면 자존감이 한 살씩 커갈 수 있다. 그렇게 매일 내 마음에 양분을 줄 때, 엄마도 훨씬 여유롭게 아이를 대할 수 있고, 아이와 눈 맞추면서 진심으로 공감해줄 수 있다.

또한 내 상처를 치유하려면 나를 살리는 공부를 해보는 것이 좋다. 어떤 공부든 다 좋지만 지금까지의 내 인생을 해석하는 데 도움이 되는 공부면 더 좋다. 몇 년 전, 삶이 가장 힘들었을 때 나는 새로운 스승들을 만났다. 있는 그대로의 나를 인정해주고 괜찮다고 말해주는 스승들 곁에서 나는 한 번도 안 해본 공부를 시작했다. 명리학을 공부하면서 인간의 운명이란 무엇인지, 무엇을 타고나는지, 내가 바꿀 수 있는 것과 바꿀 수 없는 것이 무엇인지를 배웠다. 장자를 공부하면서 똑같은 사건도 내 마음에 따라 전혀 다른 해석을 할 수 있다는 것을 배웠고, 자연철학을 배우면서 자연 그 자체인 나와 아이에 대해서 깊이 이해하게 됐다.

스승들이 자신의 인생을 해석하는 방법을 배우고 흉내도 내보면서 나 역시 인생의 문제를 푸는 수많은 해석법을 가지게 됐다. 내가 존경하는 한 선생님은 몇 년 전, 믿었던 사람에게 실망해 힘들어하던 내게 이런 얘기를 해준 적이 있다.

"사람을 믿는다는 건 100을 믿는 게 아니라 그가 잘못한 것을 포함해서 130을 믿어주는 거야. 왜냐면 나도 그 사람한테 잘한 것 100만 있는 게 아니라 잘못하는 것 30도 있잖아. 그런데 그 사람한테만 100을 요구하면 너무 야박하고 불공평하지. 그러니 누군가와 오래가고 싶으면 못난 30까지를 포함해서 130을 믿어줘야 해."

그 선생님의 '130프로 해석법'은 그때 나에게 정말 많은 것을 깨닫게 해줬다. 이 공식 덕분에 지금은 인간관계에서 오는 수많은 스트레스를 절반으로 줄였다. 이렇게 나만의 인생 해석법, 인생 풀이 공식을 하나씩 쌓아가면서 나는 내게 오는 크고 작은 불행을 제법 데리고 살 수 있게 됐다.

둘째 아이가 자퇴했을 때, 내가 살리는 해석을 할 수 있었던 것도 나만의 인생 해석법으로 스스로를 무수히 살려봤기 때문이다. 자존감 높은 엄마는 아이의 위기를 기회로 바꿔줄 수 있다. 그냥 막연하게 '괜찮다, 괜찮다' 하는 것이 아니라 문제를 보는 프레임 자체를 바꿔버리는 것이다.

아이를 키우다 보면 이런 위기의 순간이 여러 번 다가온다. 엄마의 자존감이 낮을 때 다가오는 위기는 온 가족에게 심각한 불행이 되기도 한다. 그러나 엄마의 자존감 공부가 어느 정도 돼 있다면, 자존감을 바탕에 두고 내 아이를 가장 신뢰하는 해석을 할 수 있다면, 문제는 훨씬 쉬워진다. 그렇다면 이 위기는 아이와 엄마의 자존감을 집중적으로 훈련시켜주는 좋은 공부가 된다.

우리 집도 둘째의 자퇴 사건 이후, 아들 녀석의 자존감은 오히려 왕창 올라갔다. 엄마가 나를 믿어주고 있다는 확신을 갖게 된 녀석은 고마운 아들 노릇을 하기 시작했다. 나 또한 엄마로서 아들에게 보내는 믿음과 신뢰가 더 높아졌고, 엄마 노릇을 제대로 하고 있다는 자부심도 생겼다. 게다가 아들 녀석과의 끈끈한 전우애는 덤으로 따라왔다. 전쟁 상황이 아니면 심장과 심장이 그렇게 확 붙을 기회가 없다. 지하까지 떨어져 가장 힘들 때 엄마가 아이의 심장을 뛰게 해주면 서로가 서로에게 가장 고마운 은인이 된다.

우리의 엄마 노릇은 적어도 60년은 해야 끝난다. 늦었다고 생각하지 말고 지금이라도 자존감 공부를 시작하자. 소중한 아이를 위해 내 마음을 함께 키워가보자. 엄마가 자라야 아이도 큰다.

아이는 고유한 영혼으로 탄생한다

모든 엄마들은 첫아이를 낳는 순간, 착각에 빠진다. 마치 내가 다시 태어난 것 같은 느낌. 내 인생이 '리셋'되고 게임을 다시 시작한 것 같다. 생각해보면 평생 나를 다루기가 얼마나 힘들었던가. 머리도 그저 그렇고, 끈기도 없고, 성격도 소심한데, 좀처럼 바꾸기가 힘들다. 그건 살면서 어려운 일을 겪었기 때문이리라. 권위적인 부모님을 만나서일 수도 있고, 고등학교 때 아버지 사업이 어려워져서 공부에 집중할 수 없었기 때문일 수도 있다. 부모님이 혹은 주변에서 좀 더 나를 지원해줬다면 지금보다는 나았을 텐데 싶은 생각이 머릿속에서 떠나지 않는다. 그럴 때 나보다 서른 살 어린 아이가 '짠' 하고 나타난다. 나는 내가 어떻게 할 수 없었지만, 아이는 지금 '초기화' 상태니까 뭐든 가능할 것 같다.

'내가 괜찮은 양분만 잘 주면 우리 딸은 뭐든지 충분히 해낼 거야.'

나 역시 첫애 때 이런 착각을 한 적이 있다. 내가 못했던 것도 잘 가르치면 아이가 다 해낼 줄 알았다. 나는 머리가 좋지 않아서 공부를 잘하진 못했지만 애는 나보다 더 좋은 환경에서 좋은 교육을 받게 하면 분명 공부도 잘하겠지, 건강한 음식을 주고 운동도 시키니까 키도 무럭무럭 크겠지, 나는 못했지만 내 아이는 다를 거야라고 믿었다. 나중에 알게 된 것이지만 이런 착각은 아이의 탄생, 아이라는 존재가 대체 어디서 왔는지 제대로 이해하지 못했기 때문에 벌어진다. 자녀 교육을 얘기하기 전에 우리는 반드시 이 질문을 스스로에게 던져봐야 한다.

'내 아이는 도대체 어디서 왔을까?'

'이 놀라운 생명은 과연 누가 준 것일까?'

부모의 육신을 통해 세상에 나왔으니 내가 아이에게 육체를 준 건 맞다. 아이들이 커갈수록 그 사실은 더욱 분명해진다. 얼굴도 닮고 자는 모습도 비슷하고 심지어 나이 들면 목소리도 엄마랑 비슷해지니까.

그러나 영혼은 어떨까? 내 육신으로 낳았으니 영혼도 내가 준 것일까? 여기서 많은 엄마들이 헷갈리기 시작한다. 겉모습이나 행동 패턴이 비슷하니 영혼도 내가 준 것 같은 생각이 든다. 손가락도 발가락도 닮았고, 잠자는 모습도 비슷하다. 내가 준 것이 아니라면 도대체 누가 준 것이란 말인가. 하지만 인간의 영혼은 감히 인간이 줄 수 있는 게 아니다. 우리 자신도 이처럼 나약하고 불안한데 어떻게 굳세고 안정적인 영혼을 만들 수 있을까?

•
나는 사랑받을 자격이 있어

삶을 이끌어가는 방식과 에너지, 성격과 기질, 재능 같은 영적인 것들은 부모가 주는 것이 아니다. 아이가 탄생할 때부터 운명적으로 갖고 태어나는 게 분명하다. 말하자면 육체는 부모를 통한 '간접 거래'이지만, 영혼은 하늘과의 '직거래'인 셈이다. 사람이 몸이 아플 때는 부모를 찾지만 영혼이 아플 때 본능적으로 하늘을 올려다보며 탄식하는 것도 그 때문일 게다.

이처럼 아이는 '내 몸을 통과했지만 하늘에서 내려온 너무나 고유하고 귀중한 영혼'이다. 그렇게 관점을 바꾸면 나보다 서른 살 어린 아이일지라도 함부로 대할 수 없는 법이다. 아이가 하는 행동, 아이가 가진 생각과 재능을 존중하게 된다. 초등학교 6학년 아이나 내 영혼이나 하늘에서 내려온 건 마찬가지로 동급이니까. 어쩌면 40년간 제대로 관리하지 못한 탓에 어른들의 상태가 더 안 좋아졌을 수 있다. 순수하게 태어난 아이들의 마음속에는 누가 가르쳐주지 않아도 기본적으로 자신을 사랑하는 마음이 있다.

'나는 괜찮은 사람이야. 사랑받을 자격이 있어. 나는 잘될 거야.'

탄생을 이해하면 나와 아이 모두 세상의 유일무이한 독립 생명체라는 사실도 깨닫게 된다. 세상에는 자신의 탄생 자체에 아픔이 있는 사람들이 적지 않다. 군부대 강연에서 알게 된 한 청년도 그랬다.

"저는 아버지가 싫어요. 허구한 날 술 먹고 엄마를 때리고… 가족에 대한 책임감이 조금도 없어요. 결국 아버지한테서 도망쳐서 군대에 왔는데, 저도 모르게 아버지를 닮을까 봐, 그게 너무 걱정돼요."

그때 나는 그 청년에게 이런 얘기를 들려줬다.

"그렇구나. 넌 아버지를 닮긴 했을 거야. 목소리, 얼굴, 자는 모습까지도. 그런데 넌 아버지와 다른 생각을 하잖아. 그게 무슨 뜻인지 아니? 네 영혼은 아버지와 별개야. 인간이 태어날 때 육신이 필요해서 잠시 아버지 몸을 빌렸지만 영혼은 하늘에서 온단다. 아버지가 영혼까지 주진 못하는 거야. 그러니까 넌 네 영혼에 자부심을 가져도 돼. 절대 아버지를 닮지 않아. 걱정하지 말고, 너만의 꿈을 키워가렴."

많은 사람들이 자신의 탄생에 자부심을 느끼지 못한다. 그리고 자신의 부모를 닮을까 봐 걱정한다. 하지만 사람의 영혼은 결코 복제되지 않는다. 이미 고유한 영혼과 운명을 가지고 태어나기 때문이다. 그 얘기는 곧 이미 세상에 올 때 자신만의 특성을 갖고 온다는 것이다. 인간은 태어날 때 초기화 상태인 것처럼 보이지만, 이미 그 몸 안에 자신만의 고유한 성품과 색깔이 있다. 인간 하나하나가 본래 가진 고유의 빛깔은 누군가가 아무리 누르려 하고 바꾸려 한다고 해서 사라지거나 변형되는 게 아니다. 좋아하는 것, 싫어하는 것, 타고난 성격 등 삶을 꾸려나가는 자신만의 방식은 결국 커갈수록 더욱더 분명하게 드러난다.

한배에서 나온 형제라도 사는 모습이 천차만별인 이유도 그 때문이다. 우리 집 다섯 남매 역시 모두 같은 부모, 같은 여건, 같은 사랑을 받고 자랐지만 50대가 된 지금은 각자의 특별한 '나'다움으로 살아가고 있다. 큰언니는 네일아트 사업가로, 둘째인 나는 강사로, 첫째 여동생은 전업주부로, 둘째 여동생은 장사를 하며, 막내 남동생은 심리학 교수로 살아가고 있다. 부모의 성품, 성격, 재능을 똑같이 복제해 인생을 사는 사람은 한 명도 없다. 각자의 고유한 영혼을 바탕으로 매일 다른 선택을 하며 다른 인생을 만들어가고 있다. 유전자나 환경은 비슷해도 성격이나 취향, 재능 등 타고난 영혼에 따라서 저마다 '나답게' 살아가는 것이다.

생명의 '탄생'을 이해하고, 내 아이라는 '존재'를 이해하자 아이들을 대하는 내 모습도 자연스럽게 바뀌기 시작했다. 무엇이 진짜 교육인가를 다시 생각하게 된 것이다. 그리고 내 나름대로 정의를 내렸다. 양육이란 없는 것을 채워서 새로운 것을 만드는 것이 아니다.

이미 아이 안에 있는 그것을 행복하게 꺼내 쓸 수 있도록 도와주는 것, 그것이 바로 진정한 '엄마 노릇'이라고.

막내가 뽑은 최고의 직업

"엄마! 변호사, 의사, 파티시에 중에 뭐가 좋아?"
"음, 글쎄… 변호사? 의사?"

"내가 아주 오랫동안 생각해봤는데 말이야, 소송 걸릴 일은 있어봤자 평생에 몇 건 안 되니 굳이 집안에 변호사가 있을 필요는 없어 보이고, 의료보험 잘되어 있고 아픈 부위별로 좋은 의사 만나면 되니 의사도 될 필요 없을 것 같아. 그런데, 빵은 매일 먹어야 하잖아. 그러니까 파티시에가 제일 좋은 직업인 거 같아. 안 그래?"
"…."

아이가 가진 다섯 가지 천재성

아이의 탄생을 이해하게 되면 또 하나 알게 되는 것이 있다. 바로 아이의 '타고난 천재성'이다. 모든 아이는 다섯 가지 이상의 천재성을 가지고 태어난다. 세상을 재미있게 살아갈 수 있는 재능, 독립 생명체로 충분히 살아갈 수 있는 능력을 이미 갖고 세상에 나오는 것이다. 말을 잘한다, 요리를 잘한다, 미적 감각이 있다, 운동을 잘한다… 각자 다양한 재능을 이미 영혼 안에 담고 태어난다. 그런 천재성의 종류는 수백 수천 가지가 넘고, 현재 우리 사회에 다양한 직업으로도 존재하고 있다.

그런데 이런 천재성은 가만히 기다린다고 발현되는 것이 아니다. 뭔가를 경험했을 때 부딪치면서 튀어나온다. 나는 어렸을 때 내 천재성이 음악 하나인 줄 알았다. 이유는 딱 하나였다. 교회에 다니면서 음악을 배웠으니까. 초등학생 때부터 소프라노, 알토, 테너를 일주일에 한 번씩 경험할 수 있는 곳이 교회밖에 더 있나. 그래서 음대생들 중에는 나처럼 교회를 열심히 다닌 이들이 적지 않다. 나 역시 그런 이유로 음악을 전공했지만, 나중에 피아노 학원을 운영하면서 내 안에 더 큰 재능이 있음을 깨달았다. 어렸을 때 그토록 엄마한테 야단맞았던, '꼬박꼬박 말대답'하는 재능 말이다.

어릴 때도 나는 어찌나 논리적으로 따지며 말대답을 했던지 단 한 번도 말싸움에서 밀린 적이 없었다. 엄마와의 대화에서도 마찬가지였다. 말로는 날 이길 수 없는 엄마의 마지막 멘트는 항상 "저런 미친년"이었다. 그런데 이 재능이 제대로 꽃을 피우기 시작한 건 피아노 학원을 운영하면서부터다. 엄마들 상담을 얼마나 잘했는지, 한번 우리 학원에 아이를 등록시킨 엄마들은 학원을 끊을 수가 없었다. 그리고 이 천재성을 천천히 따라가다 보니 어느새 30여 년째 강사로 살고 있다. 또 몇 년 전엔 옷 만드는 재능을 발견해 재미있게 놀고 있다. 50여 년간 전혀 알지 못했던 내 천재성과 우연히 만난 것이다.

이것은 나만의 특별한 얘기가 아니다. 내가 지금껏 만나왔던 수많은 사람들 역시 그랬다. 아이들이건 엄마들이건 최소한 다섯 가지 이상의 천재성을 이미 갖고 있다. 그래서 이 길이 막히면 또 다른 길로 향할 수 있다.

그러나 많은 아이들은 어른이 돼서도 자신의 천재성 하나를 만나기가 힘들다. 자기 안에 다섯 개나 되는 씨앗이 있다고 해도 듣는 둥 마는 둥 믿지도 않는다. 그들의 잘못이 아니다. 자신의 눈으로 한 번도 자신의 재능을 확인해본 적이 없으므로 어쩌면 자연스러운 결과다.

이유는 간단하다. 공부에 매달리느라 자신의 재능으로 세상과 부딪쳐볼 기회가 없었기 때문이다. 대부분 아이들은 자신의 천재성과 큰 관련도 없는 집합 교육을 20대까지 받는다. 부모와 사회가 원하는 재능은 이미 딱 하나로 정해져 있다. 공부 잘하는 재능 말이다.

여기서 한 가지 질문을 던져보자. 공부도 재능일까? 태어날 때부터 타고나는 걸까? 여기서 엄마들이 헷갈리기 시작한다. 그렇다면 그림 잘 그리는 것은 재능일까 아닐까? 대개는 '물론 재능'이라고 답한다. 음악 잘하는 것도 재능일까? 대부분 그렇다고 답한다. 춤추는 것도 타고날까? 한 번 보면 그대로 따라 추는 사람이 있는가 하면, 수도 없이 배워도 앞으로 가야 하는데 꼭 뒤로 가는 사람들이 있다. 옷 잘 입는 것도 타고날까? 물론이다. 초등학생만 돼도 깜찍하고 예쁘게 잘 꾸미는 아이들이 얼마나 많은가. 반면에 나이 들어서도 패션 감각이 꽝인 사람들은 어떻게 도와줄 수가 없다.

그렇다면 공부는 어떨까. 정말 재능이 아니라 노력하면 다 되는 걸까? 그렇게 생각한다면, 지금부터 우리도 하루에 네 시간만 자면서 1년 '빡세게' 공부해보자. 한의대도 가고, 의대도 가고, 로스쿨도 갈 수 있다. 공무원도 되고, 판사 검사도 돼보는 거다. 아이들한테만 공부해서 좋은 대학 가라고 하지 말고, 직접 한번 해보는 거다.

자, 벌써 느낌이 오지 않나? 결국 못 할 거라는 거, 잘 안 외워질 거라는 거, 고생만 오지게 하고 안 될 거라는 거. 그건 어른이 돼야만 아는 게 아니다. 오히려 어렸을 때부터 성적 경쟁이 일상인 아이들은 더 잘 안다. 우리 아이들이 하는 건 공부라기보다는 '암기'에 가깝다. 아이큐와 해마라는 단기 기억장치가 발달한 아이들이 훨씬 유리한 게임이다. 그런데 공부 재능을 타고나지 못한 많은 아이들은 스무 살까지 그 한 가지 기준만으로 너무 쉽게 '루저'가 된다. 학교에서도, 또 집에 와서도. 따지고 보면 너무나 불공평한 시스템 아닌가.

아이에게 공부 재능이 없다는 것은 반드시 다른 천재성이 있다는 이야기다. 공부만 천재성이 아니다. 세상에는 그림 천재, 음악 천재, 패션 천재, 영업 천재, 장사 천재, 음식 천재 등 수백 수천의 천재성이 존재한다. 모든 아이는 공부 못지않게 충분히 키워갈 만한 재능들을 이미 갖고 있다. 그러나 우리는 좀처럼 그 천재성이 부딪쳐 나올 기회와 시간을 주지 않는다. 계속해서 아이한테 없는 걸 달라고 요구한다. 그 때문에 요즘 아이들이 그토록 사춘기 때 방황하고 격렬하게 부모와 부딪치는 것은 아닐까?

●

영혼마다 서로 다른 천재성을 갖는다

우리 집 세 아이는 공부 재능이 뛰어난 편이 아니었다. 성적표를 보면 그저 '고만고만한' 성적을 냈다. 큰아이는 수학을 너무 못해서 늘 전체 석차가 중간쯤이었고, 둘째는 아예 책상 앞에 앉아 있는 것조차 싫어했다. 그나마 막내는 공부를 조금 하는 편이다.

세 아이를 키우면서 뒤늦게 '공부도 재능'이라는 것을 알게 된 이

후, 공부 재능이 없다는 건 다른 재능이 있다는 증거라고 굳게 믿게 되었다. 그저 속상하지 않으려고 믿는 것이 아니다. 아이들을 지켜보니 실제로 다른 재능이 있었다. 다만 성적만 요구하는 교육 시스템에서는 그 재능이 발현되기가 쉽지 않은 것뿐이다. 매일 학교, 학원, 집만 오가면서 언제 다른 재능을 발견할 수 있는 기회를 맞을 수 있겠는가. 또한 그런 재능들은 스무 살 이전에는 발현되지 않는 경우가 더 많다. 성인이 된 후 사회에 나가서 다양한 경험을 통해 '아! 나는 이런 데 재능이 있구나' 하고 스스로 부딪치며 알게 되는 경우가 많다.

그렇다면 문제는 엄마다. 아이들은 공부를 못할지라도 20년이라는 긴 세월을 견디고, 친구들과 웃고 울고 즐기면서 학교를 다닐 수 있다. 다만 공부를 못해 부모님께 조금 미안하고 조금 위축될지라도 얼마든지 그 시기를 통과할 수 있다. 이 시기를 못 견뎌 하고 우울해하고, '그래서 너, 뭐가 될래?'라고 매일 채근하고 불안해하는 건 아이들이 아니라 바로 엄마들이다. 엄마들은 늘 이런 불만을 토로한다.

"도대체 우리 아이는 천하태평이에요. 나중에 뭐가 되려고 그러는지…."

지켜보는 사람은 당연히 불안할 수밖에 없다. 그 안에 어떤 천재성이 있는지 감지조차 못 하니까. 오히려 당사자인 아이들은 어렴풋이 안다. 자신의 영혼 안에 들어 있는 천재성을. '난 괜찮은데? 지금만 그렇지, 나중에 어른 되면 잘 먹고 잘살 텐데'라고 생각하고 있을 것이다.

천재성은 열 살에 나올 수도, 스무 살에 나올 수도, 서른 살에 혹은 그 후에 나올 수도 있다. 중요한 건 아이가 가진 다섯 가지 이상의 천재성을 믿어주고 자신감 있게 꺼내어 쓸 수 있도록, 이 불합리한 경쟁에서 너무 상처 받지 않도록 지켜내는 일이다. 어쩔 수 없이 지금의 교육과정 안에서 키워야 한다면 내 아이가 부당한 줄서기에서 패배자로 전락하지 않도록 자존감을 지켜주어야 한다. 엄마라면 내 아이가 가진 천재성의 오랜 파수꾼이 되어야 한다.

아이를 99칸에서 키워라

오랫동안 알고 지낸 한 대기업 연구소 연구원 A씨. 아내도 그도 카이스트를 나와 평생 연구만 해온 분들이다. 그런데 이 부부의 교육철학이 조금 독특하다. 부모가 그 정도 이름난 학교를 나오면 아이들도 당연히 우등생이기를 기대할 법도 한데, 이 부부는 전혀 그럴 생각이 없다. 그 대신에 아이들이 원하는 것이라면 뭐든지 응원한다. 고등학생인 아이가 방학 때 여행을 가겠다면 아무 말 없이 보내준다. 중학생 둘째가 한동안 소설책에 빠져 소설가가 되겠다며 잡문만 써대도 그러려니 한다. 아이들이 자기가 원하는 곳에서 뭘 해도 괜찮다는 믿음을 주면서 키우는 것이다.

참 신기했다. 명문대 출신 부모를 둔 아이들은 아빠보다 공부를 못할까 봐 위축돼 있는 경우가 많다. 부모가 자신이 자라온 자신만의 방이 안전하다며 아이들을 그 방에 가둬서 키우기 때문이다. 그런데 A씨 부부는 아이들이 어떤 길을 걷든, 자신들만의 다른 방을 갖든 전혀 두려워하지 않았다.

"제가 평생 연구소라는 한 칸짜리 공간에 살았잖아요. 그렇게 50년 가까이 살아보니 참 좁게 살았다는 생각이 들었어요. 어렸을 때부터 이 방밖에 없는 줄 알았고, 이 방에 못 들어오면 인생이 끝나는 줄만 알았거든요. 그런데 지금 보니, 세상엔 꼭 공부가 아니어도 충분히 먹고살면서 즐겁게 할 수 있는 일들이 많더라고요. 제 아이들만큼은 넓은 곳에서 마음껏 뛰놀게 하면서 키우고 싶어요."

내 주변에도 A씨 부부처럼 아이들을 키우는 이들이 점점 늘고 있다. 좋은 대학을 나와도 취업하기 힘든 요즘의 세태 때문이기도 하겠지만, 아이의 행복한 성장을 고민하는 부모들도 많아진 덕분이다. 나 역시 세 아이를 키우면서 늘 다짐하곤 했다. 한 칸짜리 좁은 방이 아닌 100칸짜리 대궐에서 키우자고 말이다.

나는 아이들에게 공부 못하고 좋은 대학 못 가면 사람 구실 못한다는 식의 얘기는 거의 해본 적이 없다. 첫째가 미술을 전공으로 택할 때도, 그러다가 요식업으로 먹고사는 지금도 언제나 아이의 선택을 존중했다. 둘째가 갑자기 음악을 하고 싶다고 했을 때도 마찬가지였다. 수많은 가능성이 열려 있다는 것을 알았기에 아이들이 자유롭게 이곳저곳을 옮겨 다니며 재능을 테스트해볼 수 있기를 원했다. 그 과정에서 실패도 수없이 했지만, 정말로 자신이 하고 싶은 일도 확인하게 됐고, 열 개의 경험을 합쳐서 하나로 만드는 법도 알아냈다.

중요한 것은 우리 아이들이 세상에는 공부라는 '단칸방'만 있는 게 아니라 100개의 수많은 방이 있다는 것을 알았다는 것이다. 그래서 공부를 잘하지 못해도 미래를 두려워하거나 스스로를 깎아내리지 않고 자신만의 천재성을 찾기 위한 도전을 계속해나갈 수 있었다.

내가 이렇게 배짱 있게 100칸짜리 대궐에 아이들을 풀어놓을 수 있었던 이유는 간단하다. 공부라는 한 칸 이외에 나머지 99칸에 훨씬 더 좋은 게 많다는 것을 알았기 때문이다. 직업상 많은 사람들을 만나다 보니 공부가 아닌 다른 곳에서 자신만의 영역을 만들어낸 사람들을 셀 수 없이 마주쳤다.

고등학교 때부터 옷을 만들어 팔다가 최고의 디자이너가 된 이도 봤고, 어렸을 때부터 만화에 미쳐서 성공한 웹툰 작가도 봤다. 컴퓨터 프로그래밍에 빠져 젊은 나이에 IT 회사를 창업해 성공한 이도 만났다. 이들은 모두 자유롭게 수많은 경험을 하면서 자신만의 성공 방식을 만들어냈고, 자부심과 자신감에 가득 차 있었다. 나 역시, 공부라는 하나의 칸에만 매달려 있었다면 결코 지금의 내 모습으로 살지 못했을 것이다. 나머지 99칸을 자유롭게 돌아다녔기에 수많은 사람들과 공감하는 강사가 될 수 있었다.

그러나 이런 미지의 가능성에 확신이 없는 부모는 아이를 가둬서 키운다. 공부라는 단 하나의 방 말고는 다른 방이 없다고 믿기 때문이다. 99개의 문이 있다고 해도 거기서 어떻게 아이를 키워야 할지 막막하기 때문이다. 본인 스스로 가보지 않은 길일수록 더 그렇다. 그래서 검증된 입시 교육에만 매달린다. 공부라는 칸은 연구한 사람도 많고 자료도 많은 만큼 수많은 테크닉이 존재한다. 그러나 그 방에서 성공할 수 있는 사람은 극소수에 불과하기 때문에 비싸게 거래된다. 아이를 그곳에 집어넣으려면 어마어마한 시간과 돈이 든다. 게다가 이런 식의 돈으로 사고파는 정보는 장기적으로 아이에게도 도움이 안 된다. 스스로 뛰어서 배워야 할 것까지 주입식으로 떠먹이는 불완전한 교육이기 때문이다.

그럼에도 왜 우리는 그 좁은 세상에서 빠져나오지 못할까? 어렸을 때는 입시라는 감옥에 지긋지긋하게 모이더니, 나이 들어 엄마가 되어서도 우리는 아침마다 학교 앞 카페에 모인다. 그리고 서로의 아이들을 감시하고 간섭하기 바쁘다.

물론 A씨 부부처럼 드물게 그 좁은 방을 벗어난 사람도 있다. 그 방에 들어갈 자신이 없어서 포기한 게 아니다. 나머지 99개 방의 비밀을 알았기에 그 자신감으로 포기한 것이다. 조금만 눈을 돌리면 세상에는 돈도 덜 들고, 힘도 덜 들고, 열기도 훨씬 쉬운 방들이 있다. 엄마가 해야 할 일은 단칸방에 아이를 몰아넣는 것이 아니다. 다른 99개의 방도 있다는 것, 그 방에 가도 전혀 창피하거나 두려운 일이 아니라는 것, 그리고 이 방 저 방 마음껏 돌아다녀도 된다는 것을 알려주는 것이다. 결과적으로도 넓게 키운 아이일수록 큰 인물이 될 가능성이 높다. 좁게 잡으면 그만큼 작은 인물이 된다.

공부 밖에 모르는 작은 인물로 키울 것인가, 아니면 공부가 아니더라도 넓고 큰 사람으로 키울 것인가. 그 답은 전적으로 엄마의 지혜와 철학에 달렸다.

스스로 완성할 수 있는 기회를 주자

 우리 막내 친구 중에 은지라는 아이가 있다. 막내도 손으로 이것저것 만드는 것을 좋아하지만 은지의 바느질 솜씨는 정말 보통이 아니다. 언젠가 손바느질로 만든 지갑이며 작은 파우치를 내게 보여주는데 도저히 초등학생이 만들었다고는 믿기지 않을 정도였다. 하루는 엄마들끼리 모여서 얘기하는데 은지 엄마가 내게 물었다.
 "은지가 재봉틀을 사달라고 하는데 사줄지 말지 고민이에요. 힘들게 손바느질 하는 걸 보면 사주고는 싶은데, 공부를 더 안 할까 봐 그게 걱정이에요."
 은지 엄마는 재봉틀을 사주면 은지의 성적이 더 떨어질까 봐 고민스럽다고 얘기했다. 그러나 내 생각은 조금 달랐다.
 "은지가 손바느질로도 저렇게 잘하는데 재봉틀이 있으면 얼마나 잘 만들겠어요. 어린아이지만 미싱을 통해서 배우는 게 많을 테니 꼭 사줘요, 은지 엄마."

결국 얼마 뒤 은지에게 재봉틀이 생겼다. 은지의 재봉 솜씨도 하루가 다르게 늘어갔다. 1년쯤이나 지났을까. 은지는 동네 벼룩시장에 파우치를 들고 나와 '완판'시켰다. 팔고 남은 파우치는 친구들과 함께 '3개 만 원'이라고 써들고 다니면서 남김없이 팔았다. 그 모습을 지켜본 막내와 친구들의 눈에는 은지에 대한 부러움과 존경이 가득했다. 또래의 눈에도 자신의 힘으로 뭔가를 해낸 것 자체가 대단해 보였던 것이다.

나 역시 그런 은지가 너무 기특했다. 초등학생 때 어른들도 하기 힘든 '자기 주도 사이클(cycle)'을 한 바퀴 돌았기 때문이다. 호기심이나 흥미에서 시작한 모든 일이 일정한 완성까지 가는 데는 몇 층의 계단이 있다. 첫 번째 계단에서 앎의 기쁨을 느끼고, 두 번째 계단에 올라 몰입해서 파고든 다음, 세 번째 계단에서는 나만의 독특한 뭔가를 만들어내고, 네 번째 계단에서 마지막으로 자부심과 자신감을 얻는 것이다.

나는 아이들이 어렸을 때 이런 자기 주도 사이클을 완성해보는 게 중요하다고 생각한다. 일단 그 사이클을 한 바퀴 돌면서 스스로 배워가는 게 너무 많다. 예전에는 엄마가 알려주는 대로, 손잡아 이끄는 대로 따라가기만 하던 아이가 이 사이클에 올라서고 나면 스스로 필요한 정보를 모으기 시작한다. 이걸 배우려면 어딜 가야 되는지, 어디서 전시회를 하는지, 어떤 책을 읽어야 하는지, 말 그대로 '자기 주도'적으로 공부하기 시작한다.

그렇게 즐겁게 몰입하다 보면 장애물 넘는 법도 저절로 알게 된다. 중간에 하기 싫어질 때 어떻게 하는지, 실패했을 때 어떻게 다시 마음을 다잡을지도 스스로 배우게 된다. 그리고 마침내 작게라도 자신만의 성과를 내서 사이클을 완성하게 되면 아이의 마음속은 자부심으로 가득 찬다. '이 일도 해냈으니까 다른 것도 할 수 있다'는 자신감을 얻게 되는 것이다.

조기교육이 아니라 자기 주도 사이클 경험을 주자

실제로 한 사이클을 완성해본 아이는 다른 곳에서도 자기 인생을 힘 있게 돌릴 줄 안다. 돌이켜보면 나는 어렸을 때부터 크고 작은 사이클을 여러 번 완성해봤던 것 같다. 중학교 때 성악으로, 고등학교 때는 기타로, 대학 때는 심지어 당구로도 돌려봤다. 그러면서 나는 나만의 '사이클 패턴'을 만들어나갔다.

'지금 이 시점에서는 밤을 새더라도 해내야 해.'
'지금은 울면서라도 넘어갈 타이밍이야.'
'이건 내가 싫어하는 일이지만, 이걸 해내야만 완성할 수 있어.'
'지금 이 과목은 전문가한테 제대로 트레이닝을 받아야 좋아질 수 있어.'

이런 식으로 나한테 최적화된 오답 노트들이 100개 넘게 쌓이니까 언제 뭘 꺼내 써야 하는지 알게 되었다. 그러자 다음번 사이클 속도가 훨씬 빨라졌고, 나중에 직업이 생기고 나서는 다양한 사이클 경험을 일에도 금방 적용해서 성과를 낼 수 있었다. 아이들이 성장하면서 사이클을 돌려보는 경험은 스스로 자신의 삶을 개척해나가는 데 가장 중요한 자산이다.

물론 이와 같은 이유로 많은 부모들이 아이에게 공부로 성과 내기를 요구한다. 공부를 통해서 학교에서 자신감과 자기 효능감을 체험하는 게 중요하다는 논리다. 그러나 공부로 자기 주도 사이클을 돌리는 것은 생각보다 쉽지 않다. 왜냐면 이 사이클은 정말 그 일을 좋아하고 미치지 않으면 완성하기 힘들기 때문이다. 아무리 좋아하는 일이라도 그것의 성취를 위한 사이클 안에는 싫은 일이 절반을 차지하고 있기에 엄청난 애정과 열정이 있어야만 싫은 일까지 해내는 고통을 감내할 수 있다. 따라서 처음에는 아이가 자신이 좋아하는 일로 이 사이클에 올라타 한 바퀴 돌 수 있도록 시간을 가지고 지켜봐줘야 한다.

그렇게 크고 작은 사이클을 돌려보면 자신에게 뭐가 맞는지 안 맞는지를 알게 되면서 아이는 자신에게 맞지 않는 것들을 스스로 정리해나간다. 그러니 아이들이 별 재능도 없어 보이는 일에 언제까지고 매달릴까 봐 노심초사할 필요가 없다.

그러나 나이 마흔이 되어서도 사이클 한번 제대로 돌려보지 못한 어른들은 그런 아이들을 이해할 수 없다. 아이들이 사이클 위에서 시행착오를 겪는 시간이 그저 아깝기만 하고, 공부 아닌 사이클을 돌리는 동안 성적이 떨어지는 것에 초조함만 느끼기 때문이다. 당연히 그런 부모들은 아이가 자신이 원하는 사이클을 돌릴 수 있는 기회를 제대로 주지 않는다.

부모의 손에 이끌려 자의 반 타의 반으로 오로지 공부 사이클에만 올인했던 아이들의 문제는, 대학에 들어간 이후에 벌어진다. 얼마나 많은 청춘들이 나한테 이런 하소연을 하는지 모른다.

"대학에 오긴 했는데, 앞으로 뭘 해야 할지 모르겠어요. 자신감이 생기질 않아요."

온전히 자신의 힘으로 밑바닥부터 끝까지 완성해본 적 없는 아이들은 앞으로 맞닥뜨릴 세상이 두렵기만 하다. 자존감이 부족한 아이들은 새로운 일에 도전하는 것도, 변화에 적응하는 것도 쉽지 않다.

그래서 나는 늘 엄마들한테 말한다. 아이들에게 줘야 할 건 '조기 교육'이 아니라 '조기 사이클'을 돌릴 수 있는 시간이라고. 스무 살 이후를 힘 있게 살아갈 수 있는 에너지를 만들어주는 것이라고. 당장의 성적 때문에 무조건 반대하지 말고, 너 좋아하는 건 대학 가서나 하라고 무시하지 말고, 그 좋아하는 일에 함께하라고. 아이가 싫어하는 일을 질질 끌고 가서 억지로 하게 하지 말고, 좋아하는 일에 즐겁게 동행해보라고.

내가 신나게 앞서가면 한발 뒤에서 박수 치며 따라오는 '내 인생의 파트너.' 그것이 아이들이 가장 바라는 부모의 모습이다.

> 엄마의 눈으로 아이를 키워라

"빨리 안 일어나? 그러니까 게임하지 말고 일찍 자라고 했지?"
당신은 어떤 눈빛으로 아이를 보고 있나요?

"너 또 휴대폰 보고 있지?"
당신은 어떤 눈빛으로 아이를 보고 있나요?

"학원 안 빼먹고 갔다 온 거지?"
당신은 어떤 눈빛으로 아이를 보고 있나요?

학교에서 학원에서 집에서조차 우리 아이들은 이런 눈빛을 받고 살아갑니다.
사고 칠까 봐 우려하는 눈빛,
빨리하라고 재촉하는 눈빛,
그러지 말라고 질책하는 눈빛.
누구도 사랑의 눈빛을 주지 않습니다.
따스한 눈빛을 받아야 따스한 아이로 자랍니다.
차가운 눈빛을 받으면 차가운 아이로 자랍니다.

오직 당신, 엄마.
엄마만이 따스한 눈빛을 줄 수 있습니다.
당신마저 그것을 저버린다면
아이는 너무나 춥게 자랍니다.

마음이 얼어붙은 아이는 꿈을 꿀 수 없습니다.
아이가 꿈을 갖기를 원한다면
당신의 눈빛을 따스하게 바꿔보세요.

아이 양육은 '20년 프로젝트'가 아니다

요즘 젊은 엄마들을 만나면 엄마 노릇이 보통 고생스러운 게 아니다. 아이 어렸을 때부터 영어 유치원이며 학원이며 쫓아다니느라 정신이 쏙 빠져 있고, 방학 때마다 선행 학습에 악기 한두 개씩 가르치는 건 기본. 아이가 중학교에 들어가고부터는 거의 입시 전문가로 변신한다. 매일 애를 데리고 숨 막히는 레이스를 계속 뛰다 보면 어느 날, 스스로에게 묻게 된다.

'이게 정말 애를 잘 키우는 건가? 난 지금 뭘 하고 있는 걸까?'

멈춤, 유턴 표지판 앞에서도 이 게임에서 쉽게 빠져나오지 못하는 이유는 온 국민이 합의한 명제 때문이다. 바로 '좋은 대학 들어가야 좋은 직장 들어가고, 그래야 괜찮은 짝 만나 좋은 아파트에서 잘살 수 있다'는 대명제.

이는 곧, 이 공식을 따르지 못하면 아이와 나, 둘 다 '실패자'가 된다는 뜻이기도 하다. 두려움과 스트레스가 엄마를 옥죈다. 결국 엄마도 아이도 인생의 승부처인 스무 살에 성과를 내기 위해 미친 듯이 뛸 수밖에 없다. 한마디로 자녀 교육이 '20년짜리 프로젝트'가 되는 것이다. 프로젝트의 관점으로 보면 엄마들의 극성이 이해된다. 착수는 빠를수록 좋으니 다섯 살부터 조기 교육에 들어가고, 10년차부터는 승부수를 띄워야 하니 '초등학교 3학년 성적이 평생 간다'고 얘기할 법하다.

게다가 모든 테스트에는 요령이 있을 테니 그걸 얻기 위한 노력과 비용이 필요하다. 엄마의 정보력과 할아버지의 재력 얘기가 나오는 것도 이해가 영 안 가는 건 아니다. 이런 과정을 통해 만들어진 수많은 성공 모델, 검증된 성공 케이스가 갖는 권위는 또 얼마나 견고한가. 프로젝트를 수행 중인 모든 엄마들에게 그것은 곧 법이요, 진리다.

그녀들에게 "우리 애는 그래도 착해요"라고 한마디 했다가는 5분 만에 처절하게 깨지고 회개할 수밖에 없다. 지금 20년 프로젝트 하느라 급해 죽겠는데 애가 밥 잘 먹는 게 기특할까, 똥 잘 싸는 게 기특할까, 방 청소 잘하는 게 기특할까. 인간으로서 기특해야 되는 건 하나도 안 기특하고, 오직 성과를 내는 대상으로만 보인다.

그러나 정말 20년 프로젝트가 성공하면 남은 인생도 잘 풀리는 걸까? 스무 살 안에 승부를 못 보면 부모도, 아이도 패배자가 되는 걸까? 이 전제부터 틀린 것은 아닐까? 이 기준에서 보자면 내 인생도 진작 망했어야 한다. 중학교 때는 일찌감치 수학을 포기해서 시험 때마다 답안지를 1번으로 주르륵 찍었고, 학교 선생님이 되라는 엄마의 말은 귓등으로도 안 들었고, 대학에 들어가서는 괜히 음대에 들어왔다고 후회하면서 엄마를 괴롭혔다. 기껏 졸업시켜놨더니 취업도 제대로 못 했고, 피아노 한 대 놓고 동네 애들을 가르쳤다. 그러곤 엄청 가난한 남자랑 결혼했다.

스무 살, 아니 20대까지의 내 인생에서는 눈 씻고 찾아봐도 도대체 부모님께 보여드릴 게 하나 없었다. 내 마음은 계속 변했고, 이걸 하다 보면 딴걸 하고 싶었고, 엄마가 시키는 건 죽어도 하기 싫었다.

원래 공부 아닌 재능은 스무 살 이후에 비로소 드러나는 경우가 태반이다. 스무 살까지는 인생의 워밍업에 불과하다. 스무 살 이후 직업과 전공을 바꾸는 일이 부지기수이고, 이 또한 정상이다. 부딪치고 깨지면서 서른 살부터 인생이 역동적으로 달라지는 자녀들도 많다. 그리고 한 직업을 택해 무르익는 데는 최소한 20년의 시간이 걸린다. 나이 마흔 무렵에나 성과가 나기 시작하고 나이 예순에나 그 일이 완성된다. 따라서 자식에게는 20년 안에 성과를 바랄 것이 아니라 최소한 60년의 시간은 줘야 한다.

●

엄마 여기 있으니까 천천히 해도 돼

아이를 키운다는 것은 생명을 키우는 일이지 20년 만에 끝나는 프로젝트가 아니다. 아이는 부모에게 성과를 주려고 태어난 존재가 아니라 나랑 살기 위해 온 소중한 사람이다. 살다 보면 저절로 아이가 꽃피는 시기가 오고, 그때 옆에서 같이 기뻐해주고 안아주는 게 엄마다.

그런데 20년 프로젝트에 맞는 엄마 노릇을 하려고 하니 엄마 노릇이 왜곡되기 시작한다. 아이가 마치 20년만 살 것처럼 대하니 엄마들의 자녀 교육관이 왜곡되고 마음도 엄청 급해진다. 사랑보다는 성과를 내라고 닦달하게 되는 것이다.

내가 우리 집 아이들을 여유롭게 키울 수 있는 건, 60년이라는 시간을 줬기 때문이다. 나는 늘 아이들에게 말한다.

"엄마 금방 안 죽으니까 괜찮아. 천천히 해. 1년 안에 자꾸 보여주려고 하지 마. 다 큰 엄마도 1년 안에 보여주기 힘든데 이제 스무 살짜리가 뭘 보여주겠니. 마흔 되면 괜찮은 사람 될 테니 천천히 가, 엄마 안 죽어."

엄마가 날 지켜보고 기다리는 게 아니라 그냥 같이 살고 있다는 느낌. 충분한 시간이 있다는 느긋함으로 아이들은 살아가고 있다. 성과를 내는 인생이 아니라 자유롭지만 깊이 있게 각자의 삶을 꾸려가는 중이다.

어렸을 때는 나도 자녀 교육의 90퍼센트가 스무 살에 끝나는 줄 알았다. 그런데 키워보니 그게 아니다. 스무 살까지 엄마가 처리하는 '학교 변수'는 스무 살 이후의 '인생 변수'에 비하면 아무것도 아니다. 아이들이 커서 학교를 졸업하고 자기 꿈을 펼쳐나갈 때 진짜 엄마 노릇이 필요하다. 인생 선배로서 같이 상의하고 도와주고 공감해주는,

그런 과정이 자녀들에게 큰 힘이 된다. 동시에 얼마나 재미있는지 모른다. 공부라는 정해진 과목이 아니라 아이가 좋아하는 종목으로 같이 뛰니까 나도 같이 신나고 즐거울 수밖에. 아이들이 커갈수록 엄마 노릇도 점점 더 할 만해지는 것 같다.

아이를 위해 옆집과 헤어져라

둘째가 오랜 방황 끝에 고등학교를 자퇴하고 싶다는 얘기를 처음 꺼냈을 때였다. 아이는 그간 학교에서 얼마나 힘들었는지를 털어놓았다. 준비 없이 속성으로 들어간 예고에서 악보도 못 읽는 자신이 얼마나 초라했는지, 얼마나 죽고 싶을 만큼 자존심이 상했는지를 솔직히 얘기하기 시작했다. 그 얘기를 끝까지 듣는데 정말 가슴이 터질 것만 같았다.

"그렇게 힘들면 진작 그만두고 싶다고 엄마한테 말했어야지!"

아이가 얼마나 힘들었을지 생각하니 속이 상해서 애꿎은 아이를 나무라는 소리가 나왔다. 그런데 우리 아들 하는 말.

"엄마한테 너무 미안해서 말 못 했어. 김미경 아들이 자퇴했다고 하면 엄마가 너무 창피할 거 아냐."

나한테 미안해서 참았다니, 내가 창피할까 봐 죽을 만치 힘든데도 참고 참았다니…. 그날 내가 아이한테 해준 말이 있다.

"엄마는 괜찮아. 엄마는 옆집 여자를 몰라서 너 자퇴한 거 얘기할 데가 없어. 얘기할 사람이 있어야 창피하든지 말든지 하지."

둘째를 위로하기 위해 한 말이었지만, 사실은 사실이었다. 나는 옆집 여자를 모른다. 일하느라 바빠서 만날 시간도 없지만 애가 '잘 됐다'의 기준을 '인 서울' 하나로 두고 애가 자퇴라도 하면 '망했다'고 보는 엄마들하고는 굳이 나눌 얘기가 없다.

물론 우리 주변에 그런 부모들이 너무나 많다. 입시라는 20년 프로젝트를 위해 24시간 뛰면서 성공 케이스를 법전처럼 신봉하는 엄마들. 할아버지의 재력과 엄마의 정보력만 있으면 아이를 제대로 키울 수 있다고 믿는 여자들. 그런데 그 동네가 워낙 강력한 확신으로 똘똘 뭉쳐 있기 때문에 한번 발을 들여놓은 엄마들은 도저히 빠져나올 수가 없단다. 아무리 똑똑하고 나름의 소신을 갖고 있다는 엄마들도 아이의 공부 문제만큼은 5분 만에 팔랑귀가 된다.

내가 강의 때마다 엄마들에게 늘 하는 말이 있다.

"정말 아이를 잘 키우고 싶으면 옆집하고 헤어지세요. 오늘 옆집 엄마랑 같이 왔어요? 그럼 서로 얼굴 쳐다보면서 이렇게 말해요. 오늘이 마지막이다. 우리 헤어지자!"

그러면 엄마들끼리 서로 얼굴을 쳐다보면서 웃음을 터뜨린다. 그런데 이 말은 그냥 웃자고 던진 얘기가 아니다. 물론 엄마들끼리 만나 커피 한 잔 하면서 스트레스 풀고 사는 얘기 나누는 걸 문제 삼는 게 아니다. 옆집 여자 때문에 자꾸 내 아이를 비교하게 된다면, 자꾸 내 아이가 아닌 정보에 집착하면서 마음이 불안하고 힘들다면, 헤어지는 게 낫다는 것이다.

●

옆집 얘기 그만 들어야 아이의 말이 들린다

내가 아는 목동 엄마 중에 모임이 열두 개인 엄마가 있다. 아이 초등학교 엄마 모임, 목동학원 엄마 모임, 같은 아파트 엄마 모임 등등 수도 없는 모임을 나가느라 너무 바쁘고 시간이 없단다. 물론 이 모임들 대부분이 아이 키우는 단계 단계에서 만들어졌으니 다들 애들 얘기로 정신없다. 누가 특목고를 갔느니, 누가 이번에 1등을 했느니, 어느 학원이 좋다느니 하는 이야기들뿐이다. 그러나 서로를 걱정해주는 척하지만, 결국 그 모임의 목적은 '내 자식 자랑과 남의 자식들 비교'다. 그녀도 갈 때마다 마음이 찌그러져서 올 때가 한두 번이 아니란다.

"누구 아들 특목고 보낸 얘기를 들으면 집에서 애만 키운 나는 뭐하고 살았나 싶어서 속상하고 우울해지죠. 우리 애를 보고 있으면 이대로 괜찮은지 불안해지고요."

그럴 필요 없다. 특목고 들어가면 뭐하나, 그 후에 우울증 와서 자퇴하는 애들이 부지기수다. 미국 아이비리그로 유학 보냈다고? 부러워할 필요 없다. 적응 못 하고 다시 돌아올 거다. 악담을 하는 게 아니라 한 인간의 삶에는 수없는 변수들이 존재한다는 얘기다. 지금은 특목고에 들어가도 1년 후에는 무슨 일이 벌어질지 아무도 모른다. 모든 아이는 살면서 수없이 올라갔다 내려갔다 반복하는 게 정상이고 자연스러운 일이다. 그런데 지금 당장 아이들의 시간을 일렬로 뚝 잘라서 좋은 것만 자랑하고 비교하는 게 무슨 의미가 있을까.

그렇게 옆집 여자들한테 '중간 정산'이라도 받으면 단 한 명도 만족스러울 수가 없다. 열 명이 모여 각자 잘난 것만 합산해서 만든 성적표가 기준이 되니 아이 하나를 결코 칭찬해줄 수가 없어지는 거다. 주변 인간관계가 아이들의 정상적인 성장을 비정상으로 보이게 한다면? 이제 그만 헤어질 때가 됐다는 신호다. 옆집 여자랑 헤어져야 진짜 나를 만날 수 있고 옆집 애들 얘기를 그만 들어야 내 아이의 얘기가 들리기 시작한다. 우리 집 애들이 온갖 방황을 하고 겪을 거 다 겪으면서도 자존감 있게 큰 이유는 분명히 내가 옆집을 하나도 몰라서다.

남들의 관점에서는 '완전 망한(?)' 우리 아들이 정상적으로, 오히려 자퇴를 계기로 더 자신감 넘치는 아이로 성장하게 된 건 순전히 나의 후한 점수 때문이다. 정확히 말하면 옆집 여자에게 우리 아들이 몇 점 같으냐고 한 번도 묻지 않았기 때문이다. 내 아이의 재능과 특성 그리고 그 아이만의 갈등을 모르는 여자에게 점수를 내달라고 하는 게 무슨 의미가 있을까? 내 아이 점수는 항상 내가 매겼다. 그 점수 속에는 아이 혼자만의 갈등, 혼자서 꿋꿋이 버텨낸 것에 대한 믿음, 아직 빛을 보지 못했지만 분명 자신의 꿈을 키워갈 수 있다는 가능성 등이 포함됐다. 그리고 나는 아무에게도 묻지 않고, 비교하지 않고, 아주 주관적인 나만의 점수를 주곤 했다.

점수는 항상 90점 이상. 이만하면 얼마나 잘해냈나, 이만하면 애썼고 배울 거 배웠다는 나만의 기준에 내 아이들은 늘 90점 이상이었다. 미리 알았던 건 아니지만 내가 준 점수의 '진짜 효과'는 따로 있었다. 우리 아이들은 그 점수가 진짜 자기 점수라고 믿게 됐다. 스스로도 자신이 90점 이상인 줄 알고 컸다. 아들과 이야기를 하다 보면 정말 자퇴에 대한 자부심이 넘친다. 자퇴는 아무나 경험하는 게 아니고 자신은 큰 산을 넘어봤으니 이제 탄탄대로라고 믿고 있다. 그 자신감은 진지한 대학 생활로 이어졌다.

만일 내가 그 당시 옆집과 만나고 동창들과 만나서 기가 죽다 못해 화가 나서 집에 들어갔다면, 그런 마음으로 아들을 대했다면 어떻게 됐을까? 아마도 아들을 인생 낙제생으로 대했을 것이고, 엄마마저 낙제생으로 만든 아들을 원망했을 게 분명하다.

한번은 아들 친구가 아들에게 이런 말을 했다고 한다.

"너 진짜 너희 엄마한테 고마운 줄 알아. 너희 엄마 같은 사람 없어. 자퇴하고 속 썩인 아들 그렇게 진심으로 믿어주고 밀어주는 사람 말이야. 다들 무시만 하는데 말이야…"

난 지금도 내가 준 점수가 가장 정확한 점수라고 믿는다. 그리고 아이들은 내가 믿고 준 점수대로 당당하게 자랐다.

작정하고 남들과 비교하면 세상에 멀쩡한 집이 없다. 이 번뇌를 멈추려면 결국 헤어지는 게 답이다. 분위기상 탈퇴가 쉽지 않을 것 같으면 이사를 가서라도 안 보고 사는 게 낫다. 그래야 내 소신대로, 내 철학대로 아이의 점수를 매길 수 있다. 다른 사람에게 묻지 않은 나만의 점수는 내 아이에게 가장 정확한 점수이고, 그 점수는 내 아이의 미래가 된다.

아이에게
몰아준
꿈의 함정

강의에 가면 엄마들에게 자주 묻는 질문이 있다.

"앞으로 하고 싶은 거 있어요? 꿈이 뭐예요?"

그럴 때 적지 않은 엄마들이 이렇게 말한다.

"저는 별 욕심 없고요. 우리 애만 잘되면 좋겠어요."

여기서 말하는 '잘된다'의 기준은 물론 하나다. 최소한 '인 서울.' 잘되면 소위 말하는 '스카이.' 애가 좋은 대학에 가면 그 집 전체가 그냥 잘된 걸로 친다. 반면에 애가 인 서울에 실패하면 그 집 아빠는 아무리 일터에서 잘나가도 주변에서 이런 소리나 듣는다.

"아무리 높은 자리 올라가면 뭘 해? 애가 그 모양인데…."

비교적 입시 전쟁의 외곽에 있는 아빠한테도 그럴진대 중심부의 엄마들은 오죽할까. 엄마로 살아온 20년 세월을 오직 입시 하나로 평가받으니 잘못하면 주변 사람들은 물론이고 남편한테까지 "당신이 집에서 한 게 뭐 있냐"는 소리를 듣게 생겼다. 대한민국 엄마들이 애들 공부에 죽기 살기로 매달리는 데는 다 그만한 이유가 있다. 애들 대학에 부모의 인생 점수가 달렸으니 '애만 잘되면 다 잘된 거다'라는 생각을 하는 것도 당연하다.

그런데 아이러니한 것은 다 잘되려고 하는 일이 반대로 집안 전체를 꼬이게 만들 수도 있다는 것이다. 두 아이의 엄마인 내 대학 동창 A는 전형적인 대치동 엄마였다. 아이들은 지금까지 한 번도 버스를 탄 적이 없다고 했다. 학교에서 학원까지 이동 시간을 줄이기 위해 A가 늘 차로 아이들을 실어 날랐다. 차 안에는 먹기 좋게 한입 크기로 만든 도시락이 있었고 바쁠 때는 A가 한 손으로는 운전대를 잡고 다른 한 손에 비닐장갑을 끼고 아이에게 먹여주기까지 했단다.

첫째 녀석은 그럭저럭 잘 따라왔다. 그런데 둘째 녀석이 문제였다. 아무리 고액 과외를 붙여도 소용이 없었다. 성적도 잘 안 오르고 워낙 공부 자체를 싫어해서 일찌감치 엄마의 매니저 노릇을 거부했다. 결국 엄마의 기대는 첫째에게 맞춰졌다. 대기업 임원인 남편의 월급 절반 이상을 첫째 아이에게 몽땅 투자했다. 남편이 가끔 노후 준비도 못 하고 있는 현실이 걱정돼 한마디 하면, "세상 물정 모르는 소리 말라"는 아내의 차가운 대답만이 돌아왔다.

문제는 고3이 된 첫째 아이가 성적이 점점 떨어지면서부터 드러나기 시작했다. 체력이 약한 데다 성격도 예민한 아이가 성적이 떨어지자 불안 증세를 보인 것이다. 공부에 잘 집중하지 못하고 매사에

날카로워지면서 가족들과 사사건건 부딪쳤다. 과외 시키느라 월급은 다 퍼 줘도 정작 자식들과의 관계에서 변두리로 밀려나 있던 남편은, 성적이 떨어진 데다 자신에게 덤벼들기까지 하는 아들을 용납할 수 없었다. 일찌감치 부모의 관심 밖으로 밀려난 둘째 역시 가족들과 대화를 안 한 지 오래됐다고 했다. 결국 첫째는 입시에 실패한 채 가족들과 떨어져 고시원에서 살고 있다.

"애 하나 잘되라고 열심히 뛰었을 뿐인데, 왜 이렇게 됐을까…. 어디서부터 뭐가 잘못된 건지 도대체 모르겠어."

눈물 섞인 하소연을 듣자니 나도 한숨이 나왔다. 무엇보다 첫째 아이가 너무 안쓰러웠다. '너 하나만 잘되면 된다'는 얘기는 너 혼자 온 가족의 꿈을 짊어지라는 얘기다. 그 무거운 짐을 어깨에 짊어지고 절대 실패해서도, 비뚤어져서도 안 되며, 엄마가 정해준 길만 가라는 얘기다.

착한 아이들은 처음엔 죄책감에 시달리다가 결국엔 피해의식으로 발전한다. 가장 많이 받았는데 감사하기는커녕 부모에게 '당했다'는 심정에 빠지는 아이러니. 모든 것을 형에게 빼앗긴 둘째 역시 피해의식으로 가득 찼고, 아버지는 자식에 대한 배신감에 무너지고, 자식에게 헌신한 죄밖에 없는 엄마도 우울증에 시달렸다. 가족 간의 소통과 이해, 사랑의 연결 고리가 와장창 끊어져버린 것이다.

'부당한 미안함'은 아이를 멀어지게 한다

집은 아이 하나만 잘되기 위한 공간이 아니다. 우리가 나이 아흔까지 정신적으로 성장하려면 3분의 1만 크고 온 남자도 더 커야 되고, 엄마도 어른답게 커야 한다. 엄마도, 아빠도, 아이도 가정이라는 공간에서 행복하게 성장해야 할 권리가 있다. 사실 부모도 아이들에게 차마 말은 못하지만 가끔은 '본전' 생각이 나기도 한다. 특히나 아빠의 입장에서는 허탈하다 못해 억울하기까지 하다.

'내 인생 다 바쳐서 희생하고 뒷바라지를 했는데 너희는 그깟 공부도 제대로 못하냐? 돈 버는 기계처럼 30년을 살았고 그 흔한 취미 생활 한 번 제대로 못 했는데, 고작 이 정도 성과밖에 못 낸다고?!'

누구 하나에게 꿈을 몰아준 집안일수록 남 탓도 많고 억울함도 크다. 서로에게 보상 심리가 작동하는데 그 관계가 제대로 순환될 리가 없지 않은가. 그렇다면 부모가 줬다는 그 모든 것을 받고 자란 아이의 마음엔 무엇이 있을까? 자신이 원치 않는 꿈을 강요당했고, 도달할 수 없는 커트라인에 맞춰 매일 평가 받으면서 자란 아이들의 마음엔 오직 미안함만 있을까? 물론 어릴 땐 미안해한다. 그러나 나이가 들고 머리가 커지면 아이들도 다 알게 된다. 그것이 '부당한 미안함'이었다는 것을. 그 순간부터 아이들은 부모에게서 멀어지게 된다. 더 많이 투자해서 키운 첫째가 부모와 멀어지고 대충 키운 셋째가 효도를 하는 이유도 바로 여기에 있다. 내가 얼마나 괜찮은 사람인지를 스스로 터득하는 자연스러운 성장을 방해한 부모의 수고가 고맙기보다는 원망스럽기 때문이다.

　아이 하나만 잘되면 된다는 '꿈 몰아주기 프로젝트'는 짧게 보면 성공적으로 보일지 몰라도 길게 보면 대개는 가족 관계의 불균형으로 결론이 난다. 가족은 아이만 잘되고 나머지는 희생해야 하는 집단이 아니다. 마흔 먹은 남자, 여자도 건강히 성장해야 하고, 이제 막 초등학생인 아이도 성장해야 한다. 가족은 골고루 각자의 꿈을 향해 살아가면서 서로의 실패를 보듬어주고 역량을 나누어주기도 하면서 서로 다른 독립적인 꿈을 지원해야 할 집단이다. 누구 하나 억울한 사람 없이 다 함께 성장하는 공간, 그래서 서로에게 고마워하는 이들의 공동체. 이것이 바로 가장 건강한 가족의 모습이다.

> 아이들과의 수행 놀이

"엄마, 여기 깨끗한데 또 닦아야 해?"
"응, 또 닦아."
"왜?"
"그게 수행이거든. 더러운 데 닦는 건 청소고
깨끗한 데 또 닦는 건 수행이야.
하고 싶은 순간이 지났는데도 계속하는 게 수행이거든."
"나도 그게 뭔지 알아.
수학 문제 풀 때 30분 하면 할 만한데 세 시간 하면 죽고 싶어.
그래도 계속하면 수행인 거지?"

막내의 말에 옆에서 함께 걸레질하던 둘째가 끼어듭니다.
"쪼그만 게 뭘 안다고!
나는 매일이 수행이다.
피아노 칠 때 세 시간 이상 연습하면 딱 그 느낌이 와."
"그러네. 결국 오래 참고 하는 게 다 수행인 거네.
너희들도 참 훌륭한 거야. 각자 자기 일을 매일 하고 있으니까!"

사실 우리 모두는 수행 중입니다.

그래서 힘이 듭니다.

그래도 포기하지 않고 하루하루 견디니 얼마나 대단한가요.

오늘은 기특한 아이들과 나 자신을 쓰다듬어주세요.

Part 2

사춘기 엄마로 사는 법

문 닫으면 수도승, 나오면 조폭

 태초에 우주는 하나의 작은 점이었다. 150억 년 전, '빅뱅'이라는 대폭발을 거치면서 우주는 거침없이 팽창했고 수많은 별들을 창조했다. 그리고 인간이라는 존재를 낳았다. 우리도 처음에는 하나의 작은 점에 불과했다. 엄마 배 속에서 열 달 동안 폭풍 성장해 마침내 자궁을 뚫고 세상에 나왔다. 그리고 일정한 나이가 되면 몸과 마음이 폭발적으로 자라는 두 번째 빅뱅을 맞게 된다. 그것이 바로 '사춘기'다.
 아이의 입장에서 탄생의 시점으로 돌아가보자. 운명적으로 이 세상에 오게 된 그날, 만일 아이가 말을 할 수 있었다면 아마도 이렇게 물어봤을 것이다.
 '당신은 누구세요? 여기는 어디에요? 나 여기에 뭐 하려고 왔어요? 나는 누구예요? 나는 지금부터 뭘 해야 해요?'

오랜 시간 몸에 저장된 그 질문들은 적당한 때를 골라 다시 터져 나오기 시작한다. 그것이 바로 '열다섯 살, 사춘기'다. 물론 아이들이 이런 원초적인 질문을 그대로 하는 것은 아니다. 조금 더 '열다섯 살' 답게 물어본다.

'내 꿈은 뭐지? 대학은 꼭 가야 하나? 나는 왜 엄마가 시키는 대로 해야 하지? 내가 이 집에서 꼭 살아야 할까?'

한 인간으로서 처음으로 내가 누군지, 왜 살아야 하는지, 어떻게 살아야 하는지를 진지하게 탐구하는 '정신적 빅뱅'이 일어난 것이다. 사춘기란 이렇듯 내가 어떤 인간인지를 밝혀내려는 욕구가 분출하는 시기다.

이런 대폭발의 시기에는 온 에너지가 그 질문에 답을 찾는 쪽에 쏠리기 때문에 공부가 잘될 리 없다. '나는 누구인가'라는 거대한 원초적 질문 사이에 감히 국어나 영어, 수학 따위가 끼어들 틈이 없다. 결국 아이들은 방문을 닫아걸고 고행의 길을 걷는 수도승을 자처한다.

이런 자녀를 지켜봐야 하는 부모는 엄습하는 불안감에 휩싸인다. 어제까지 소파에서 뛰어놀던 착한 아들이 갑자기 왜 저러는지 이해가 안 된다. 대학 입시가 몇 년 남지도 않았는데 이렇게 허송세월하다가 아들 인생이 망가질 것만 같다. 그리하여 조바심을 견디지 못하고 방 안에 있는 아이를 억지로 끄집어내기 시작한다.

그러나 자기와의 고독한 싸움을 하고 있는 아이를 건드리면 어떻게 되는지는 경험해본 부모들은 알 것이다. 사춘기 아이는 포효하는 짐승처럼 도저히 감당할 수가 없다. 하루 종일 방 안에 박혀 있으면 고행하는 '수도승'이요, 밖으로 나오면 고개를 45도로 삐딱하게 쓰러뜨리는 '조폭'이 된다.

"이번 중간고사는 잘 봤니?"

"모르겠는데."

"어떻게, 딴 애들은 잘 봤대?"

"안 물어봤는데."

"너 엄마한테 말을 그따위로밖에 못 하니?!"

"나한테 뭘 어쩌라고!"

아버지와 아들이 몸으로 부딪치고, 딸들과 엄마 사이에 말 폭탄이 오간다. 나중에는 부모가 지쳐 나가떨어지거나 아예 자녀에게 말도 못 붙이는 상황이 온다. 이런 느닷없는 상황을 부모는 도저히 이해할 수도, 해석할 수도 없다.

"우리 애가 왜 저렇게 변했는지 모르겠어요. 그렇게 착했던 애가…. 날 얼마나 무시하는지 생각할수록 분해요."

사춘기 아이를 둔 집집 모두가 추운 겨울철의 전쟁터처럼 잔인하고 아프다. 내가 강연 때 이런 이야기를 하면 청중의 반응은 대체로 눈물바다다.

엄마만 날 믿어주면 잘할 수 있어

나 역시 남다른 사춘기를 겪은 아들 때문에 마음고생이 이만저만이 아니었다. 꼬맹이 막내랑 신나게 뛰어놀아주던 듬직했던 아들이 중학생이 되면서부터 달라지기 시작했다. 문을 잠그고 들어가서 도통 나올 생각을 하지 않았다. 엄마랑 얘기 좀 하자고 달래보고, 그딴 식으로 하면 용돈 끊는다고 협박도 해봤다. 그러나 아들은 거의 3년 동안이나 고행하는 수도승과 험상궂은 조폭을 오가며 징글징글하게 내 속을 썩였다. 그동안 나는 수없이 아들의 방 앞에서 서성였고 열리지 않는 문을 바라보며 한숨을 쉬었다.

한참 공부할 시기에 여자 친구를 사귀는 건 부모 속 썩이는 축에도 못 낀다. 여자 친구에게 사줄 반지 값을 모으기 위해 거짓말로 용돈을 더 타내는 건 애교에 속한다. 아무리 깨워도 도무지 일어나지 않는 날이 있었다. 간신히 일어나면 세수를 하는 데 한 시간도 더 걸렸다. "너 그러다 지각해! 도대체 어쩌려고 그래?"라고 야단을 쳐도 아들은 지각이 무슨 대수냐는 표정으로 어슬렁거릴 뿐이었다. 그 모습을 보면 입에서 욕이 저절로 나왔다.

그렇게 매일 한바탕 전쟁을 치르고 나서야 아들은 엉금엉금 학교에 갔다. 나중에는 학교에 간다고 나갔다가 점심때 돌아오는 일도 다반사였다. 이런 날이 반복되면서 아들과 나 사이는 점점 멀어져갔다. 독한 엄마가 따로 있는 게 아니고 나쁜 엄마가 달리 생기는 게 아니라는 걸 뼈저리게 느낀 시절이었다.

그렇게 몇 년을 보내고서야 나는 내 아들이 '나쁜 아이'가 아니라 '아픈 아이'였다는 걸 알게 됐다. 아이가 그동안 학교라는 세상에서 얼마나 많은 상처를 받았는지 미처 몰랐던 것이다. 아이들이 만나는 사회의 전부인 학교는 아이가 가진 다섯 가지 천재성에는 별 관심이 없다. 제도권 교육은 오직 성적만을 테스트한다. 따라서 학교에서 원하는 것을 못 얻는 다수의 아이들은 그 시스템 안에서 비교당하면서 끊임없이 크고 작은 상처를 받을 수밖에 없다. 결국 '아무도 날 괜찮은 사람이라고 말을 안 해. 미칠 것 같아!'라며 으르렁거리게 되는 것이다. 그러다 똑똑한 아이들은 마침내 알아낸다. 나는 정말 괜찮은 사람인데 부당한 취급을 받고 있다는 것을. 내가 능력도 없고 노력도 안 하는 나쁜 애가 아니라 처음부터 게임의 룰이 잘못됐다는 것을.

그런데 이런 깨달음을 얻은 그 어린아이가 자신이 느낀 부조리함을 어떻게 부모에게 조리 있게 설명할 수 있을까. 자기 딴에는 '왜 날 못 믿나' 하는 식으로 나름대로 최선을 다해 표현해봐도 엄마는 알아듣지 못하고 이렇게 답할 뿐이다.

"믿을 짓을 해야 믿지, 이놈아!"

이제 아이에게 더 이상 믿고 의지할 만한 어른은 없다. 학교에서뿐 아니라 집에서까지 무시당하고 조롱당하는 아이는 갈 곳을 잃고 갈수록 거칠어진다. 몸부림치면서 나는 능력 없는 놈이야, 지질한 놈이야, 나쁜 놈이야, 라고 소리친다.

사실 아이가 침묵하지 않고 외치는 것은 스스로를 사랑하고 지키고 싶다는 뜻이다. 아무리 세상이 날 바보라고 손가락질해도 스스로는 괜찮은 사람이라고 믿고 있다는 증거다. 물론 내게도 처음에는 그 소리가 안 들렸다. 하는 짓을 보면 매일 학교 안 가고, 부모에게 덤비고, 게임하는 모습뿐이었으니까. 나중에야 아이와 제대로 된 대화를 하면서 아이가 사실 말하고 싶었던 것은 이 얘기였다는 것을 알게 됐다.

'나 정말 괜찮은 애고, 엄마만 날 믿어주면 아주 잘할 수 있어. 매일 학교에서 지질한 애로 사는 거, 너무 힘들어. 아무도 날 알아주는 사람이 없어.'

그때부터였다. 마음속 깊은 얘기가 마침내 통하기 시작하면서부터, 내가 아이의 아픔을 알아주고 공감해주면서부터, 둘째는 아주 천천히 변하기 시작했다.

●

터널의 끝에서 엄마를 기다리는 아이를 위해

사춘기 아이들 때문에 힘들어하는 엄마들이 적지 않다. 생각해보면 나도 그때가 엄마 노릇 하기 제일 힘들었던 것 같다. 한 인간을 온전한 어른으로 키워내는 게 그렇게 뼈를 깎듯 고통스러운 일이라니.

그러나 어차피 한 번은 겪어야 할 사춘기라면 엄마인 내 옆에서 겪는 게 낫다. 결혼한 뒤에 애먼 사람 옆에서 '내가 이런 회사나 다녀야 되느냐'며 방황하느니 한 살이라도 어릴 때 엄마 옆에서 겪는 게 다행이다.

힘들지만 이 시간을 잘 보내면 다시 새로운 시간이 열린다. 믿어준 만큼 훌쩍 자란 둘째는 그렇게 내 최고의 행복이자 기쁨이 되었다.

"엄마, 나 오케스트라 오디션 통과했어, 정말 대단하지!"

"엄마, 교수님들이랑 같이 재즈 공연하기로 했어. 대박이지!"

일본으로 건너가 재즈 음악을 공부한 둘째는 늘 자신이 스스로 해낸 무용담을 들려주며 일주일에 몇 번씩 전화를 하곤 했다. 그때 방에서 안 나오던 애가 맞나 싶을 만큼 열정과 에너지가 넘친다. 오히려 내가 기운이 빠져 있으면 걱정해주고 새로운 도전 앞에서 망설이고 있으면 용기를 북돋워준다.

지금 아이를 보면 그때 그렇게 힘들어도 버텨내고 참기를 정말 잘했다는 생각이 든다. 여러분에게도 이렇게 괜찮고 믿음직한 아이가 터널의 끝에서 기다리고 있다. 엄마들이여, 절대 포기하지 말고 용기를 내자.

죄책감이
아이에게
가장 위험하다

아이 셋을 키우면서 아이들 마음을 가장 병들게 하는 게 무엇일까 생각해본 적이 있다. 절대 줘서는 안 될 가장 위험한 감정. 나는 그게 바로 '죄책감'이라고 생각한다.

마음의 병은 부모에 대한 작은 미안함에서부터 시작되는 경우가 많다. 그런데 그런 미안함을 일상에서 반복적으로 느끼고 매일 새벽까지 잠 못 들 정도로 시달린 아이는 몇 년 뒤 어떻게 될까. 우울해지고 무기력해지는 건 기본이고 '나는 쓸모없는 존재야'라고 자기 자신을 포기해버리는 데까지 굴러떨어진다. 미안함이라는 감정의 끝은 항상 최악으로 치닫게 돼 있다.

물론 엄마도 아이에게 미안한 일을 많이 한다. 그래도 엄마에게는 그걸 갚을 수 있는 길이 있다. 용돈도 주고, 맛있는 거 사주고, 다음 날 잘해주면 된다. 그런데 아이들은 자신의 미안함을 갚을 방법이 그리 많지 않다. 게다가 엄마가 원하는 게 성적이라면?

"내가 너한테 돈을 벌어 오랬니, 뭘 하랬니? 그냥 공부만 하랬지! 그런데 왜 그것 하나 제대로 못 해!"

엄마의 요구는 너무나 정당해 보인다. 그런데 어떤 애들에게는 정말로 돈을 벌어 오는 게 더 쉬울 수도 있다. 내 안에 요리 잘하는 천재성, 사람들과 신나게 어울리는 재주, 재미있는 이벤트를 기획하는 재능은 있는데, 조용히 앉아서 공부하는 천재성만은 없는 아이들이 있다. 세상에 공부 못하고 싶은 애들이 어디 있겠나. 부모 기대만큼 해내고 싶은 게 아이 마음이다. 그러나 아무리 노력해도 머리에 잘 들어오지도 않을뿐더러 오지선다 시험 문제에 답안 하나를 고르는 게 죽도록 싫은 아이들도 있다. 이런 아이들에게 지속적으로 좋은 성적을 가져오라고 압박하면 어떻게 될까. 아이들은 자기 안에 없는 것을 달라는 부모를 보며 죄책감과 좌절감을 느낄 수밖에 없다.

"엄마가 왜 이렇게 사는지 알아? 너 때문에 회사 관두고 이렇게 살잖니."

"네 학원비가 얼마나 많이 드는지 알아?"

"너 때문에, 너 하나 잘되라고 우리가 여기까지 이사를 왔잖아."

별것 아닌 말처럼 들리지만 '너 때문에'라는 말처럼 아이를 상처 주고 힘들게 하는 말이 없다. 스무 살 아래 아이들은 그 말을 감당 못한다. 사실 다 큰 어른도 그런 말은 감당하기 어렵다. 그래서 부부 사이에서 '너 때문에'라는 말이 나오면 곧장 싸움으로 이어지기 십상이다. 그래도 어른들은 "그게 왜 나 때문이냐"며 핏대 높여 주장할 줄 안다. 어른들은 죄책감이 자신에게 얼마나 해로운 감정인지 알기 때문이다.

나만 해도 내 부모가 '너 때문에…'를 반복하며 채찍질했다면 일찌감치 망가졌을 것이다. 엄마의 바람이 너무나도 무거워 내 천재성이 그 밑에 폭삭 깔렸을 것이다. 성인이 되어서도 한 해 한 해 나만의 경험을 쌓지 못했을 거고, 쌓았다 한들 엄마의 바람과 내 현실 사이의 간극을 죄책감으로 메웠을 것이다.

'우리 엄마 양장점 하면서 고생하는 건 다 나 때문인데, 나 잘되라고 우리 엄마 이렇게 고생하는 건데, 나는 왜 바보같이 그것도 하나 제대로 못 하지? 난 왜 태어났을까….'

이러다가 나락으로 떨어졌을 게 분명하다. 그러나 따지고 보면 그런 상황은 미안해하면서 울 때가 아니다. 오히려 잘못 생각하는 부모와 강하게 맞붙어서 싸워야 할 때다.

'난 엄마가 원하는 걸 줄 수 없어. 내 안에 없는데 왜 자꾸 달라고 하냐고! 나는 내가 원하고 잘하는 걸로 잘 살 거야. 잘될 수 있으니까 두고 봐. 그러니까 엄마가 원하는 것 말고 내가 잘할 수 있는 걸 지원해달라고!'

아이가 성인이었다면, 제 말을 가진 어른이었다면, 이렇게 말했을지도 모른다. 그러나 열다섯 살 사춘기에 이렇게 말할 수 있는 아이가 몇이나 될까. 대부분 그렇게 못 한다. 특히 성격이 강한 부모를 둔 아이라면 불가능하다. 게다가 미안한 감정을 가진 아이는 대개 엄마와 싸울 엄두도 내지 못한다. 착하디착해서 엄마가 원하는 걸 줘야 한다는 생각과 그걸 못 한다는 현실 사이에서 오도 가도 못한 채 안으로 곪아 병들어버린다. 부모가 준 죄책감을 지고 사는 아이들은 마음도 힘들지만 몸도 슬퍼진다. 한창 건강하고 활발하게 뛰어다녀야 할 아이가 방 안에 틀어박혀 누워버리는 것이다.

모든 아이는 내 안에 있는 것을 꺼내 보일 때 가장 신이 난다. 주면서 으쓱하고 갚으면서 마음의 짐을 내려놓을 수 있으니까. 죄책감을 주지 않고 건강하게 키우려면 아이들에게 자신이 가진 것으로 갚을 수 있게 해야 한다. 친구 관계 원만한 것, 잘 먹고 아프지 않는 것, 제 방 정리도 가끔 하는 것, 학교 체육대회에서 신나게 뛰는 것, 동생이랑 쇼핑도 하고 대화도 하고 잘 지내는 것…. 이 정도면 충분히 갚고 있다고 생각해야 한다.

아이는 눈치가 100단이다. 엄마가 날 충분한 존재로 인정하는지, 아니면 빈약한 존재로 인정하는지 금세 눈치를 챈다. 무엇으로건 충분히 갚으면서 자란 아이들은 부모에게 빚지지 않는 떳떳한 아이로 성장한다. 마음에 상처나 짐이 없는 아이는 스스로를 옭아매는 그늘이 없다. 죄책감으로 자신을 망치고 부모와 멀어지는 대신에 자신이 할 수 있는 성취를 차근차근 해나가면서 당당한 성인으로 성장한다. '너는 이미 충분히 갚으면서 살고 있고 엄마는 네가 내 자식이라 행복해'라는 무언의 느낌이 사실상 아이들에게 가장 중요한 메시지가 된다.

아이의 마음이 죄책감을 매일 연습하도록 두지 말자. 매일 스스로 대견한 꿈을 연습하게 하자. 그것이 부모의 기대에 못 미친다 할지라도, 매일 죄책감을 연습한 아이와 꿈을 연습한 아이는 스무 살이 되면 엄청난 차이로 나타난다. 미안한 감정보다 꿈이 더 큰 아이로 건강하게 키우자. 결국 부모가 바라는 것도 그것이 아닌가.

엄마는
아이의 첫 번째
은인이어야 한다

아이가 사춘기가 되면 엄마는 '겁나는 순간'을 수없이 경험하게 된다. 얄밉게도 그놈의 사춘기는 예고편이 없다. 1년 전부터 미리 예고라도 해주면 좋으련만, 어느 날 갑자기 불현듯 시작된다. 멀쩡히 학교 갔다 온 애가 문을 쾅 하고 닫는 그날부터 길고 긴 터널에 들어가는 거다.

소파에서 방방 뛰고 엄마 손 꼭 잡고 다니던 그 아이가, 그 순진했던 녀석이 갑자기 손을 뿌리치면서 '엄마는 나한테 손대지 마, 엄마 말이 틀렸어, 내 말이 다 맞아!'라고 '사춘기 선언'을 한다. 그 순간, 엄마는 엄청난 충격에 휩싸인다. 특히 시키면 시키는 대로 묵묵히 공부하던 아이가 책을 멀리하기 시작하면 심장이 꽁꽁 얼어붙기 시작한다.

매일 아침마다 학교 앞 카페에 모여 옆집 엄마들에게 우리 애 거기 보낼 거라고 다 얘기해놨는데…, 배신도 이런 배신이 없다. 그나마 현실적으로 10층 높이에 있는 대학 보낼 거 5층 정도로 기대치를 낮춰놨더니, 아이는 아예 지하 10층으로 뚝 떨어져 올라올 생각을 않는다. 엄마랑 최대한 멀리 떨어져야 숨통이 트이고 생각이라는 걸 할 수 있으니 지하 10층에서 계속 머무르는 것이다. 그렇게 볕도 들지 않는 지하 감옥에 스스로를 가두고 '방에 들어가면 수도승, 나오면 조폭'인 생활을 계속한다.

이럴 때 적지 않은 엄마들은 자기 자리를 고수한다. 아이가 있는 지하로 내려간다는 건 있을 수 없는 일이다. 아이는 지하 10층, 엄마는 지상 5층, 결국 아이보다 15층 위에서 아이에게 들리게 하려면 엄마는 소리를 지르는 수밖에 없다.

'네가 있어야 할 곳이 여기잖아. 거기 있으면 안 돼. 올라오라고!'

그러나 아이가 있는 지하 10층까지 엄마 목소리는 닿지 않는다. 아이는 고민과 우울함, 불안 속에 빠져 그 누구의 목소리도 들리지 않는다. 엄마와의 거리는 이미 너무 멀어졌고 나는 이미 한심한 사람이 돼버렸으니까. '부모의 기대를 저버린 못된 애'라는 죄책감은 더 깊은 우울의 수렁 속으로 아이를 밀어 넣을 뿐이다.

아이가 지하 10층으로 떨어진 그때, 엄마의 위치는 과연 어디여야 할까. 나 역시 둘째 녀석이 지하 10층으로 떨어지는 걸 목격하고선 고민을 참 많이 했던 것 같다. 처음에는 나 역시 지상 5층에서 아들을 향해 위로 올라오라고 수없이 소리를 질렀다. 그러나 그럴수록 아들은 더 거칠어지고 무기력해졌다. 저 아래 보일 듯 보이지 않는 곳에 아들이 있었고, 아들은 점점 더 조그매졌다. 끝내 올라오지 못할 것만 같았다. 고민 고민 끝에 나는 과감해지기로 했다. 위치를 바꿨다. 아들이 있는 지하 10층보다 1층 낮은 지하 11층으로.

학교에 적응하지 못해 힘들어하는 아이의 뜻에 따라 자퇴에 동의했다. 그리고 '축 자퇴'라는 플래카드를 거실에 걸어놓고 아들에게 이렇게 말했다.

"아들, 괜찮아. 뮤지션은 자퇴 정도는 해줘야 나중에 먹어준대!"

"넌 나중에 정말 훌륭한 뮤지션이 될 거야. 그렇지 않으면 자퇴라는 큰 사건이 네 인생에 왜 일어났겠니. 걱정 말고 밥이나 잘 먹어. 일단 기운 차리고 천천히 생각해보자."

그렇게 아이가 힘들 때마다 지하 11층에 내려가서 온몸으로 아들을 받쳤다. 내가 지상 5층에 있을 땐 목이 꺾여라 위를 올려다보던 아이가 가볍게 내려다볼 수 있도록. 그랬더니 놀라운 일이 벌어졌다. 아들 녀석은 자기가 지상에 있다고 믿기 시작했다. 비록 중졸에다 아무것도 없는 자퇴생이지만 엄마가 괜찮다고 해주니 정말 그렇다고 생각하게 된 것이다. 아무리 지하로 떨어져도 그 밑에 엄마가 단단한 땅처럼 받쳐주니 지상에 있는 것과 다르지 않았다. 그렇게 아이는 천천히 한 계단씩 올라가기 시작했다. 살다 보면 자녀들 누구나 힘든 고비를 지나게 된다. 운명적으로 그 시기가 왔을 때 엄마는 기꺼이 아이들이 밟고 다시 일어설 수 있는 땅이 돼줘야 한다.

내 인생의 첫 번째 은인, 엄마

몇 년 전 유학 중이던 아들 녀석하고 길고 긴 전화 통화를 했다. 새로 들어간 학교에서 자신을 이해해주는 좋은 선생님을 만났다는 것이다. 그러면서 처음으로 이런 말을 했다.

"엄마, 친구들이 나보고 엄마한테 진짜 고마워하래. 아들놈이 자퇴했을 때 그렇게 말해주는 사람 니네 엄마밖에 없다고. 그래서 나도 생각해봤는데, 엄마는 진짜 내 인생의 첫 번째 은인이야. 엄마가 첫 번째 은인이 돼줘서 내가 또 우리 선생님 같은 두 번째 은인을 만날 수 있었던 것 같아. 엄마, 정말 고마워."

그 말을 듣는데 가슴이 벅차 눈물이 나올 것 같았다.

'살다 보니 이런 날도 오는구나…. 그때 힘들어도 견디길 정말 잘했구나.'

엄마는 아이가 지하로 떨어졌을 때, 불행한 사건을 겪을 때, 온몸으로 받쳐주는 첫 번째 은인이 돼야 한다. 그래야 아이가 다시 힘을 얻어 세상에 나가서 두 번째, 세 번째 은인을 만날 수 있다. 엄마가 첫 번째 은인이 돼주지 못하면 그 어두컴컴한 곳에서 어떻게 올라와야 할지 길을 잃고 만다.

양육은 엄마의 위치에서 하는 게 아니라 아이의 위치에서 하는 것이다. 아이는 자라면서 때때로 위치를 바꾼다. 학교에 적응을 못 해서, 공부가 하기 싫어서, 몸이 약해져서 등등 갖가지 이유로 현재의 위치를 변경한다. 만일 그 위치가 바뀌었다면 당연히 양육의 위치도 바뀌야 한다. 만일 엄마가 자녀가 있는 지하 10층으로 내려가지 않고 자신이 정해놓은 위치만 고집한다면, 그건 양육이 아니라 아이를 통해 자신의 이기심을 채우려 한다는 방증이다.

지금 아이가 홀로 지하에 있다면 두려워 말고 용기 있게 내려가자. 아이의 단단한 땅이 되어주자. 엄마는 평생토록 자녀의 단단한 땅이 되어줘야 하고, 자녀는 그 땅 위에서라면 뭐든지 할 수 있다.

엄마 나 외로워

우리 아이 일곱 살 적에
"엄마, 문 닫지 마. 무서워."
열다섯 살이 된 지금
"엄마 문 열지 마. 혼자 있고 싶어."

섭섭해 말아요.
크고 있다는 뜻입니다.

우리 아이 일곱 살 적에
"엄마, 나 심심해."
열다섯 살이 된 지금
"엄마, 나 너무 외로워."

놀라지 말아요.
어른의 감정으로 변하고 있다는 뜻입니다.
아이가 변했다는 건
머무르지 않고 앞으로 잘 가고 있다는 뜻입니다.

깊이가
높이다

8년 전쯤 나는 디자인 공부를 하러 잠시 밀라노로 떠난 적이 있었다. 두 달 정도 짧은 기간이었지만 떠나기 전에는 사실 고민이 많았다. 내가 젊은 애들 옆에서 제대로 따라갈 수 있을까? 이 나이에 정말 가는 게 맞나? 솔직히 너무 늦은 건 아닐까? 그때 아들 녀석이 내게 이런 얘기를 해줬다.

"엄마, 밀라노 꼭 가. 내가 보기엔 50대가 꿈꾸기에 제일 좋은 나이야. 나 봐봐. 20대 청춘이면 뭘 하냐고. 돈도 없지, 결정권도 없지, 경험도 없지. 근데 엄마 봐봐. 벌어놓은 돈도 있지, 공부하겠다면 말릴 사람도 없지, 꿈꾸기 좋은 환경을 다 만들어놨잖아. 늦었다는 생각만 안 하면 다 할 수 있는데 왜 안 해?"

속으로 깜짝 놀랐다. 하는 말마다 어쩜 그렇게 다 맞을까. 내 아들이지만 생각하는 게 참 괜찮다. 언제 이렇게 생각이 깊어졌지?

불과 몇 년 전 아이의 모습과는 비교할 수가 없었다. 그때 아들 녀석은 나와 대화조차 거의 하려고 하지 않았다. 항상 문을 걸어 잠그고 방에서 안 나올 때가 많았고, 어쩌다 나오면 신경질적으로 몇 마디 뱉는 게 다였다. 그렇게 지하 10층에서 웅크리던 아이가 씩씩하게 자기 생활을 꾸려나가고 있다. 지상 2층 정도까지는 올라온 것 같다.

남들 눈에는 아마 평범한 2층으로 보일 것이다. 그러나 내 셈법으로는 내 아이는 12층짜리다. 지금 눈에 보이는 2층만이 아니라 과거에 내려갔던 지하 10층까지 가치 있게 인정해주는 것이다. 지하로 내려간 깊이까지가 그 사람의 통찰의 높이, 자존감의 높이가 될 수 있다고 믿기 때문이다. 지하로 떨어져보지 않았다면, 보통의 2층짜리였다면, 아마도 '그렇게 걱정되면 가지 마'라고 했을지 모른다. 그런데 이 녀석은 12층짜리라서 해석법이 달랐다. 힘든 시절을 겪은 아이들은 깊이가 곧 높이가 된다.

중요한 것은 부모가 그 시간을 죄악시 여기지 말고 가치를 함께 인정해주는 것이다. 많은 부모들이 아이가 지하로 떨어지면 그 깊이를 해석할 줄 모른다. 그저 나쁜 친구를 만나서 그렇다고만 믿는다.

아이가 왜 지하로 떨어졌는지를 아는 것보다 더 중요한 것은 그게 아이한테 어떤 의미일까를 따져보는 것이다. 아이들 중에는 성품상 한 번은 지하에 내려갔다 와야 하는 애들도 있다. 특히 고집이 세고 자기 주관이 강한 자녀들은 부모가 말하는 길로 가지 않는다. 그곳에 뭐가 있는지 자신의 눈으로 기어이 확인해야만 스스로 걸어 나오는 아이들이 있는 것이다.

그러니 아이가 지금 지하에서 방황하고 있다면 길고 긴 자녀의 인생에서 한 번은 깊이 내려가서 건져 올 게 있구나, 라고 생각하는 게 좋다. 힘겹지만 필요한 과정이라고, 이 과정이 아이의 인생에서 깊이를 만들어줄 거라고 생각해보는 것이다. 아이는 그 어두운 지하에서도 매일 큰다.

●

나를 믿는 힘, 내 길을 찾을 힘

우리 둘째는 시간이 흐르고 자신이 지하 10층에서 뭘 느꼈는지를 얘기해줬다.

"아무리 세상이 나를 부정해도 내가 나를 인정해주면, 나만 나를 믿어주면 내 길을 찾아갈 수 있다는 걸 느꼈어. 그리고 엄마가 해준 말 있지? 나한테 나뭇가지 하나 가져와서 부러뜨려보라고 했잖아.

그때 엄마가 말했던 거 지금도 기억나. 부러진 나뭇가지는 반드시 다른 방향을 가리킨다고, 단지 부러진 게 아니라 다른 방향을 가리키는 거라고. 그 얘기를 참 오래 곱씹었어. 그리고 결론을 냈지. '이 길은 잘못된 길이 아니다. 단지 방향을 바꾸었을 뿐이다'라고."

"너 정말 그걸 이해했어? 보통 철학적인 게 아닌데? 우리 아들 감성만 있는 게 아니고 깊이도 있네. 멋지다."

자신의 삶을 이해하는 힘, 현재를 받아들이고 미래로 자신을 끌어가는 힘, 이 모든 것의 근원은 결국 본인의 생각, 본인의 철학이다.

철학은 깊은 곳에서 자라나는 생각이다. 그래서인지 일단 그곳에서 올라온 아이는 전과 다른 사람이 되어 있다. 물론 엄마도 깊은 곳에서 나왔으니 당연히 육아 철학이 한층 달라질 수밖에 없다. 서로를 철학적으로 깊이 사랑하고 이해하는 관계. 내가 우리 아들과 맺은 뜨거운 감정 하나는 바로 함께 지하에 있었고 함께 올라왔다는 '동지의식'이다. 그러니 서로에게 못 할 이야기가 없다. 내가 강의 때 우리 아들 이야기를 많이 할 수 있는 이유도 아들이 자신의 변화와 성장을 내게 다 얘기해주기 때문이다.

그 이후로 아들은 쉼 없이 지하에서 올라오려는 노력을 '온몸으로' 했다. 마음으로야 100번이고 올라왔지만 올라온 실체를 만드는 것은 또 다른 육체노동이니까. 그리고 자신에게 인정받기 위해서 스스로와의 싸움을 무지 열심히 했다. 오랫동안 나태한 생활에 길들여져 있던 자신을 채찍질하느라 꽤나 고생을 했다. 아침에 일찍 일어나기 위해 자기 전에 "7시! 7시!"를 외치며 자신의 뺨을 때리기도 했고, 어제 일찍 잠자리에 들어 7시에 일어날 수 있었던 자신에게 고맙다는 기도도 했단다. 심지어 잔소리를 각오하고 내게 아침마다 모닝콜을 해달라는 배수진을 치기도 했다.

그렇게 아이는 천천히 끝끝내 지상으로 올라왔다. 그리 긴 시간은 아니었다. 그렇게 올라오기만 한다면 아이는 인생에서 가장 중요한 회복하는 힘, 밑바닥에서 올라오는 힘을 배운 것이다. 그 힘으로 둘째는 살면서 닥치는 여러 가지 시련을 견뎌나갈 것이다.

그런데 어린아이 혼자서는 그 시간의 가치를 계산할 수가 없다. 그럴 때 부모가 옆에서 도와줘야 한다. 그 시간을 마냥 미안해할 필요 없다고, 그 시간을 극복함으로써 너는 정말 괜찮은 사람이 될 거라고, 그 시간이 결코 헛되지 않다고 인정해줘야 한다. 그래야 지하 10층에 있던 아이가 12층짜리가 된다. 지금 우리 아들에게 고등학교 자퇴는 아픔이 아니라 자부심이다. 자기 입으로 "자퇴 정도 해야 진정한 뮤지션"이라고 말하고 다닌다. 그렇게 아이는 엄마가 한 말을 철석같이 믿고 산다.

그런데 부모가 아이의 지하 시절의 가치를 헤아려보기는커녕, 당장 답답한 마음에 거기 있는 걸 비난하고 야단만 치면 어떻게 될까? 아이가 나중에 올라오려는 마음이 생겨도 엄두를 못 낼 것이다. 일단 올라가면 죄송하다고 사죄해야 할 곳이 너무 많은 데다가 환영해줄 사람도 없다고 짐작하며, 그럴 바에야 차라리 지하에 계속 있으면서 부모를 괴롭히는 게 더 나을지도 모른다고 여기게 되는 것이다.

아이를 올라오게 하려면 아무도 너를 비난하지 않고 믿으며 기다리고 있다는 신호를 계속 주는 것이 중요하다. 그리고 마침내 올라왔을 때, 그 시간이 아픈 과거가 아니라 인생의 깊이를 만들어준 경험이었음을 함께 이야기하는 게 중요하다. 너의 그 깊이가 곧 높이라고, 그 깊이만큼 뿌리가 단단한 사람으로 커나갈 것이라고 말이다.

아이에게
저녁 7시를
선물하는 법

아이들은 결코 쉽게 변하지 않는다. 자퇴하면 알아서 잘 거라더니, 잘하기는커녕 매일 새벽이 돼야 기어 들어오고 오후 3시까지 문 걸어 잠그고 자기를 반복했다. 고등학교를 자퇴했으니 최종 학력이 중졸인 아들이 아무 생각 없이 남들 다 학교 가는 시간에 '처자는' 장면을 상상해보면… 지옥이 따로 없다. 저놈이 뭐가 되려고 저러나, 방문을 부수고라도 들어가 등짝을 후려치고 싶은 순간이 매분 매초 온다.

그래도 언젠가는 정신을 차리겠지, 저도 지금 힘들어서 저러고 있겠지, 내일이면 달라질 거야, 달라질 거야… 셀 수 없는 날들을 기다리고 또 기다리면서 몇 달째 나도 지쳐가고 있었다. 친구들이 학원을 다녀오는 늦은 밤, 아들은 매일 친구들을 만나러 피시방에 갔다. 새벽까지 게임을 하고 식구들이 다 자는 새벽이 돼서야 들어왔다. 나도 아들 얼굴을 거의 볼 수가 없었다. 내가 나가는 시간이면 아들은 자고 있었고, 내가 잠이 든 후에나 집에 오는 생활을 반복했으니.

어느 날, 일찍 퇴근해 집에 와보니 아들 방문이 살짝 열려 있었다. 혹시나 오늘은 안 나가고 집에 있나 싶어 들여다보는 순간, 코끝에 진동하는 냄새…. 라면 냄새였다. 라면 그릇과 먹다 남은 김치가 방바닥에 놓여 있었다. 순간 턱 하고 숨이 막히면서 눈물이 왈칵 솟구쳤다. 얼마나 외로웠을까? 숨죽이고 혼자서 숨어서 먹느라.

자퇴는 했지, 할 일은 없지, 뭘 해야 할지도 막막하고, 부모님께 미안하기도 하고, 매일 자신의 처지를 비관하면서 피시방만 전전하고 있으니 떳떳하게 부엌에서 밥 먹는 것도 힘든 일이었을 게다.

새벽에 들어오니 배는 고픈데 부엌에서 밥 먹다가 혹시 아빠에게 들키기라도 하면 얼마나 혼이 날까 싶어 자기 방으로 고양이처럼 몰래 들어가 소리 없이 라면을 먹는 장면이 파노라마처럼 펼쳐졌다.

그날부터 나는 결심했다. 아들에게 밥을 주자. 그것도 아주 따뜻한 밥을 주자. 아들에게 저녁 7시 가족 식사 같은 밥상을 주자. 더는 우리 아들이 숨어서 몰래 라면이나 먹으며 자책하게 만들지 말자.

다음 날, 나는 거실에서 아들이 들어오기만을 기다렸다. 새벽 2시쯤 됐을까. 딸칵, 현관문 여는 소리가 들리자마자 후다닥 현관으로 뛰어가 아이를 맞았다.

"왔니? 밥은?"

"응, 그냥 라면 하나 끓여 먹으려고."

"그래? 엄마랑 같이 먹자. 엄마도 저녁 안 먹었더니 배고프네. 우리 라면에 밥 말아 먹을까? 엄마가 계란말이 해놨는데 라면이랑 같이 먹자."

식탁 위에 밥이며 라면에 각종 반찬들이 등장했다.

"엄마, 아빠 깨면 어떡하려고?"

"괜찮아. 깨면 다시 들어가게 하지 뭐."

아들이 피식 웃었다. 그날 밤, 둘이서 저녁을 맛있게 먹었다. 아들 얼굴이 조금 누그러지더니 그날따라 친구들 소식이며 자신이 요즘 하는 생각이며 이런저런 이야기를 들려줬다.

"엄마, 같이 먹으니까 좋다."

"그래, 내일도 이렇게 같이 먹자."

다음 날도 역시 나는 새벽까지 졸린 눈을 비비며 아들이 들어올 때까지 기다렸다. 아들이 혹시 고양이처럼 살금살금 자기 방으로 들어가지 못하게 온 집 안 전등도 다 밝게 켜놨다.

"오늘은 밥 먹자. 엄마가 회 사다 놓은 거 있는데 먹을래?"

우리 아들은 회를 무진장 좋아한다.

"우와, 회라고? 너무 좋지!"

아들은 신이 나서 자신이 요즘 심취해 있는 피아노곡을 들려주었다. 음악을 크게 틀어놓고 온 거실 전등을 환하게 다 밝히고 큰 소리로 웃기도 하면서 밥을 먹었다. 결국 남편이 자다 깬 얼굴로 나오더니 볼멘소리를 한다.

"도대체 지금이 몇 신데…."

아들에게 화살이 가기 전에 서둘러 남편을 방 안으로 끌고 들어갔다.

"조용히 해. 내가 알아서 할 거야. 내가 애를 살릴 거라고. 우리 아들은 지금 좀 아플 뿐이지 나쁜 놈이 아니야. 그러니까 당신은 가만히 있어. 절대 건드려서 야단치거나 하지 마. 내가 책임질 거야."

다음 날도, 또 다음 날도 나는 새벽마다 아들에게 '저녁 7시 같은 만찬'을 선물해주었다. 따지고 보면 그 시간이 아들에게는 저녁 시간이 맞다. 오후 3시에 일어나면 새벽 3시가 저녁 시간이니까. 그렇게 몇 달을 애썼다. 그건 내 아들의 '나는 문제가 있는 놈이니까 사랑받을 자격도 없다'라는 공식을 깨기 위한 몸부림이었다. 물론 속으로는 나만의 바람이 있었다.

'제발 좀 변하자. 제발 좀 뭔가 꿈을 가지자. 매일 피시방 가지 말고, 뭔가 해봐야겠다는 생각을 스스로 가져보자.'

속은 타들어갔지만 겉으로 전혀 내색을 하지 않고 그저 아기 대하듯 사랑으로만 대하는 건 내게도 정말 쉽지 않았다. 이건 거의 부처님 수행 수준이었다. 그러나 아들은 변하는 게 거의 없었다. 기분 좋은 날은 웃기도 하고 철든 말을 하다가도 기분이 별로인 날은 밥만 먹고 자기 방으로 휙 들어가버렸다. 옛날처럼 시건방지게 속 뒤집는 말을 던지는 날도 많았다.

그런 날이면 나는 베란다로 나갔다.

"야, 이 나쁜 놈아!"

몇 번 고함을 지르고 욕을 하면 속이 좀 시원해졌다.

그러고는 다시 들어와 아들을 보고 웃으며 말했다.

"밥 다 먹은 거야? 맛있었어? 과일 갖다줄까?"

그렇게 미치고 팔딱 뛰는 수행의 시간을 몇 달 넘게 보냈다. 그러던 어느 날, 아들이 드디어 이런 말을 했다.

"엄마 나 여행 가고 싶은데, 보내줄 수 있어?"

"아무렴. 얼마 동안 가려고?"

"한 달 정도? 가서 생각도 좀 해보고… 앞으로 뭐 하고 살아야 하는지."

드디어 아들의 입에서 자신의 미래에 대해 생각하는 소리를 들었다. 그날 이후로 아들은 천천히 자신의 길을 찾기 시작했다.

●

0.1씩 모아서 100 만들기

지하에 들어앉은 사춘기 아이를 건져 올리는 건 정말 극한의 고행이다. 어떨 땐 비굴하게 눈치를 봤다가 어떨 땐 칭찬도 했다가, 어떨 땐 화를 냈다가… 열 가지 모습으로 100가지 노력을 해서 '0.1'을 건져내야 한다. 부모가 100을 줘도 1이 안 온다. 많이 받아봐야 0.1이다.

하지만 그거라도 애가 변했구나, 하며 감사하고 기뻐해야 한다. 그런데 100을 주고 10을 원하면 어떻게 될까? 많은 아버지들이 방황하는 사춘기 자녀를 데리고 여행을 갔다 와서 꼭 이런 말을 한다. 기껏 여행까지 갔다 왔는데도 애가 똑같다고, 도대체 달라진 것이 없다고.

10을 바라면 당연히 아이가 변한 게 안 보인다. 그런데 0.1에도 감사하는 마음으로 보면 아주 사소한 변화라도 알아챌 수 있다. 그리고 아이도 내 부모가 0.1에 감사한다는 걸 느낀다. 그래서 사춘기 아이에 대한 계산법은 달라야 한다. 0.1씩 모아서 100을 만들기. 분명한 건 수행하는 마음으로 하다 보면 언젠가 반드시 100이 채워진다는 것이다.

아이들이 성장하다 보면 반드시 운명적으로 지나야 하는 힘든 시간이 있다. 이건 피할 수도 없고 단축하기도 힘들다. 그냥 그 시간을 살아야 다음 시간에 당도할 수 있다. 많은 부모들은 그때를 아이들보다 더 힘들어한다. 물론 그건 아이를 사랑하기 때문이다. 그러나 그 사랑이 때로는 책망 또는 포기로 이어진다. 그러나 아이들은 그 순간에 단 한 가지가 필요하다. 바로 '너는 참 괜찮은 사람이야'라는 무언의 믿음과 지지다. 자신도 자신을 믿지 못하는 순간, 누군가 너는 문제없다고 말해줘야 한다면, 그건 당연히 부모여야 한다. 아니, 정확히 말하면 그건 엄마다. 세상 모두가 등져도 엄마만은 믿어줘야 한다.

엄마는 아이를 두 번 탄생시킬 수 있다. 한 번은 아이를 낳는 순간이고 또 한 번은 아이가 깊은 수렁에 갇혀 있을 때다. 만일 지금 힘든 시간을 살고 있는 아이라면, 그것이 부모 눈에 마땅치 않고 한심하고 바보 같아 보일수록 엄마는 또 한 번 아이를 탄생시켜줘야 한다.

'아들아, 딸아, 너는 참 괜찮은 사람이야.'

새벽 3시에 차려준 저녁 7시 같은 만찬, 그 작은 0.1의 노력은 내 아들을 향한 나의 사랑이었고, 내 아들에게는 다시 시작할 수 있는 힘이 되었다. 엄마가 믿어주면 아이는 반드시 해낸다.

내가 아이를 망치고 있지는 않은가?

아이를 키우다 보면 엄마는 수없이 죄인이 된다. 화를 못 이겨 애한테 욱하고 나면 미안하고, 내 마음이 힘들어 아이 감정을 제대로 돌봐주지 못했을 때도 죄스럽다. 이렇게 미안한 마음이 드는 건 그래도 괜찮은 거다. 적어도 내가 뭘 잘못했는지는 아는 거니까. 제일 무서운 건 내가 뭘 잘못하는지 모르고 아이한테 상처를 주는 거다. 또는 내 아이를 위한다는 확신을 갖고 한 일이 결과적으로 아이를 망쳐버렸을 때다.

 나도 아이를 셋이나 키워보니 내 딴에는 잘한 것 같은데 오히려 애들한테 상처 준 일이 적지 않다. 내 행동이 아이에게 어떤 영향을 미칠지 깊게 생각하지 않고 어설픈 정보, 고집, 혹은 내 성질을 아이에게 강요할 때마다 아이들과 엇박자가 났다. 그것도 나중에서야 깨달았지만.

큰애가 어렸을 때, 나는 학기 초마다 이런 말을 툭툭 던지곤 했다.

"너는 왜 회장을 한 번도 안 하니? 그게 뭐가 어려워, 그냥 하겠다고 손을 들어!"

어렸을 때 반장 하겠다고 손을 드는 건 내게 전혀 어려운 일이 아니었다. 워낙 나서는 것을 좋아하는 성격이라 우리 애들도 나를 닮아서 그럴 줄 알았다. 그런데 큰애는 학교에서 한 번도 회장을 한 적이 없다. 나는 그게 아이의 자신감 부족 때문이라고 결론 내고, 배짱을 키워줘야겠다는 생각에 한 번씩 격한 '충고'를 하곤 했다.

그러다가 큰애가 중학생이 된 어느 날이었다. 그날도 나는 비슷한 얘기를 했는데 예전에는 잠자코 듣던 아이가 갑자기 정색을 하면서 말했다.

"엄마, 나는 엄마랑 달라. 회장을 못 하는 게 아니라 안 하는 거라고. 나는 앞에서 선생님한테 인사하고 애들 시키는 거 피곤하고 딱 싫어. 그냥 뒤에서 조용히 있는 게 훨씬 좋다고. 그러니까 더 이상 날 '바보' 취급하지 마."

그 얘기를 듣는데 가슴이 철렁 내려앉았다. 난 너를 바보 취급한 게 아닌데…, 그냥 회장 같은 거 한번 해보는 게 네 인생에 도움이 될 거라고, 자신감을 어떻게 연습하는지 알려준 것뿐인데, 애가 왜 이렇게 까칠하게 굴지? 지금 사춘기라고 시위하나?

나는 도저히 아이의 말을 이해할 수가 없었다. 몇 년이 지나고, 아이와 깊은 대화를 하고 난 뒤에야 내 말들이 아이에게 강요였고 상처였다는 걸 비로소 인정할 수 있었다. 아이의 타고난 성격과 특성은 전혀 생각하지 않고 왜 그것도 못 하냐고 닦달했으니, 아이 입장에서는 엄마가 자신을 바보 취급한 게 맞았다. 내 딴에는 잘되라고 한 일인데 결과적으로 아이를 아프게 하고 만 것이다.

이렇게 내가 큰아이에게 낸 상처가 얼마나 될까? 나만 기억 못할 뿐 아이가 기억하고 있는 상처는 엄청나게 많았다. 큰애가 대학에 들어가고 난 후 얼마 지나지 않아 말다툼을 했던 밤, 아이는 그간 자라면서 내게 상처 받은 일들을 쏟아냈다. 두 시간이 넘도록 쏟아낸 상처들은 결국 그날 밤 큰애 앞에 나를 무릎 꿇게 했다. 마음으로 무릎을 꿇었다는 게 아니다. 실제로 아이 앞에 무릎을 꿇었다. 아이를 안고 그 앞에 무릎을 꿇은 채로 울면서 사죄했다.

"미안해. 엄마가 정말 잘못했어. 얼마나 아프고 힘들었니?"

그날 밤, 나는 정말 진심으로 깊은 회개를 했다.

얼마 전 둘째 동생을 만나 이런 이야기를 하는데 갑자기 동생도 울기 시작했다.

"언니, 나도 그런 경험 있어. 나도 정말 큰애한테 엄청난 상처를 많이 줬어. 내가 멀쩡한 애를 망치는 짓을 정말 많이 했더라고."

전업주부인 내 동생은 결혼 전에 스튜어디스로 일했다. 아이를 가지면서 일을 잠시 그만두었다가 출산 후에 다시 복직하리라 마음먹었지만 뜻대로 되지 않았다. 워낙 깔끔한 성격이라 아이를 남에게 맡기는 것이 불가능했던 것이다. 결국 동생은 이런 결심을 했단다.

'그래 아이라도 잘 키우자. 그게 내가 직장 생활 하는 것보다 남는

거야.'

둘째 동생네 아들은 실제로 어려서부터 공부를 잘했고 동생은 그걸 늘 자랑으로 삼고 살았다. 그리고 공부 잘하는 아들을 둔 엄마의 욕심은 점점 커져갔다. 직장 생활도 포기하고 매달린 내 자식의 일이니까. 동생네 아들이 초등학교 6학년 때 한번은 어렵다고 소문난 수학경시대회에 나가서 한 문제를 틀렸다. 아들은 집에 오자마자 으쓱하면서 엄마에게 한 문제밖에 안 틀렸다고 자랑을 했단다. 그런데 그때 내 동생은 이렇게 말했다.

"그래? 그 한 문제는 왜 틀렸니?"

자랑을 하려다 오히려 혼이 나게 된 그 아들은 아무 말도 없이 방으로 들어갔다. 그 후 엄마와 의견 충돌이 있을 때마다 아들은 그날 자신이 받은 상처를 이야기하곤 했단다.

"내가 그때 얼마나 상처를 받았는지 알아? 아무리 열심히 해도 칭찬도 못 받고 그런 대접받을 바에야 공부하지 말자고 생각했어. 그때부터 내가 공부 안 했던 거야. 다 소용없으니까."

결국 내 동생도 아들에게 진심으로 눈물의 사과를 했단다. 그렇게 사과를 한 후 둘의 관계는 훨씬 좋아졌고 아들은 원망을 접고 지금은 건강하게 대학원을 다니고 있다.

"언니 그거 알아? 지금 생각해보니까 애를 잘 키우려고 한 게 아닌 것 같아. 그저 내가 보상을 받으려고 애한테 욕심을 부린 거야. 직장 생활도 접고 올인했으니 너라도 내 기대만큼 잘해야 한다고 생각했어. 그래서 아이가 겨우 한 문제 틀렸는데도 전교 1등을 못 한 게 너무 분하고 화가 났었나 봐. 잘하려고 했는데 결과적으로 내가 망쳐 버리고 만 거지."

"괜찮아. 이제라도 사과했으니 얼마나 다행이니? 죽을 때까지 자기가 아이에게 뭘 잘못했는지 모르고 사는 엄마들도 얼마나 많은데."

사실 부모들 대부분이 자신도 모르게 아이에게 상처를 주고 있다. 잘하는 부분도 많지만 망치는 부분도 만만치 않다. 그런데 망치는 동안은 자기가 아이에게 어떤 짓을 하고 있는지 잘 모른다. 남들도 다 하니까, 사랑하고 아껴서 그러는 거니까, 나는 어른이고 얘는 애니까 괜찮은 줄 알고 넘어간다. 그러나 지속적으로 아이의 자존감을 해치는 엄마의 미숙함은 반드시 아이를 통해 민낯을 드러내게 돼 있다. 아이 잘되라고 한 엄마의 행동이 사실은 엄마의 상처를 해결하기 위한 것이고, 엄마의 욕심을 채우기 위한 것이었다는 것을 아이들은 재빨리 눈치챈다. 그리고 오랫동안 속으로 병들었던 마음도 언젠가 드러난다. 부모에 대한 분노와 원망을 터뜨리거나, 자기를 과소평가하고 스스로를 축소시키면서 자신이 가진 것보다 인생을 작게 풀어나간다.

●

충고를 가장한 '지적 폭력'을 멈춰라

모든 엄마들은 꼭 한 번 물어야 한다. 잘하려고 한 일로 실은 아이를 망치고 있지 않은가. 나도 모르게 아이에게 상처 주는 건 없을까.

내가 만난 한 엄마는 이런 고백을 털어놓은 적이 있다.

"아이에게 괜찮은 친구를 만들어주려고 어렸을 때부터 같은 아파트 엄마들하고 일부러 어울렸어요. 그런데 그게 내 마음처럼 잘 안되더라고요. 결국 자기가 좋아하는 친구들을 사귀는데, 몇 명은 집안도 그렇고 별로 마음에 안 들어서 은근히 싫은 내색을 했더니, 한번은 아이가 엄청 화를 내더라고요."

아이 곁에 좋은 친구가 있었으면 좋겠다는 부모의 마음이 무슨 죄였을까. 그런데 그런 부모의 마음이 아이에게 비수가 될 수 있다.

한창 감수성이 폭풍 성장할 때 내가 좋아하는 친구를 깎아내리는 것은 마치 나를 조롱하는 것과 똑같이 느껴진다. 마음을 주고 감성적으로 소중하게 생각하는 사람을 분리시키려는 시도는 상상 이상의 박탈감을 줄 수도 있다. 게다가 아이들은 때로는 어른들보다 훨씬 정의롭다. 아무리 초등학생이라도 엄마가 정의로운 분별을 못 하고 욕심으로 사람을 평가한다는 걸 안다.

한동안 사춘기 딸과 대화가 단절됐었다는 또 다른 엄마는 이런 고백을 들려준 적이 있다.

"제가 원래 좀 무뚝뚝하고 감정 표현을 잘 못 하는 성격이에요. 완벽주의적인 성향도 조금 있고요. 그래서 애가 뭘 잘해 오면, '잘하긴 했는데, 앞으로 어떻게 더 잘할 수 있을지 생각해보자'는 식으로 많이 했죠. 애가 뭘 하고 싶다고 하면, '그것보다 요즘엔 이게 더 낫다'고 알려줬고요. 그런데 애가 어느 순간부터 저랑 대화를 안 해요. 몇 년을 입을 닫고 살았어요. 한참 지나고 나서야 얘기를 하더라고요. 엄마랑 얘기하면 자기가 더 외롭고 아무것도 아닌 것 같았다고요."

엄마 성격이 원래 깔끔해서 아이의 앞길을 완벽하게 알아봐주는 게 무슨 문제일까. 그런데 사실은 이게 심각한 문제가 될 수 있다.

아무리 작은 시도일지라도 아이는 엄마에게 인정받고 싶었을 것이다. 엄마에게 잘난 척도 하고 싶었을 것이다. 그런데 그때마다 엄마가 더 잘난 척을 해버렸다. 엄마의 가르침이라는 명목으로 행해지는 많은 것들이 아이들에게는 '지적 폭력'이 되기도 한다. 엄마의 얄팍한 지식으로 아이의 인정 욕구에 상처를 내는 지적 폭력. 그것은 아이에게 더 이상 충고가 아니라 조롱일 뿐이다.

결국 이런 일들이 벌어지는 이유는 뻔하다. 성적 올리느라 바빠서 애를 어떻게 키워야 되는지 깊게 생각을 안 해본 거다. 모두가 생각 없이 옆집만 보면서 키우고 있으니 내가 잘하는 건지 망치는 건지 도대체 알 수가 없다. 그러나 옆집과 똑같이 한다는 것이 내 육아 방식이 옳다는 것을 증명해주지는 않는다. 혹시라도 지금 확신을 갖고 망치고 있는 것은 없나 찾아내야 한다. 그걸 분별하려면 반드시 철저한 반성이 있어야 한다. 그런 과정을 통해 스스로 자신을 가르친 엄마가 결국 엄마 노릇도 잘할 수 있다.

그리고 마침내 '회개'했다면 아이한테도 진심으로 사과해야 한다. 조목조목 무엇을 잘못했는지 구체적으로 꼬집어 알려야 한다. 그때 내가 어떻게 해서 네가 정말 힘들었을 거라고 분명히 말해야 한다. 얼렁뚱땅 하는 사과는 오히려 아이를 분노의 끝으로 치닫게 한다.

'뭐, 어쨌든 엄마가 미안한데 너도 잘한 거 없잖아. 앞으로는 잘해 보자.'

이런 식의 사과는 아이에게 '역시 엄마는 구제불능'이라는 생각을 하게 만든다. 차라리 안 하는 것만 못하다.

결국 제대로 된 사과를 하려면 잘못한 것 하나하나를 구체적으로 말해야 하기 때문에 한 번에 끝나지 않는다. 게다가 엄마는 아무 생각 없이 한 일들이 많기 때문에 정작 당사자는 기억하지 못하는 게 많다. 반면에 엄마한테 당한 아이들은 과거의 일들을 놀라울 정도로 차곡차곡 머릿속에 저장해놓고 있다.

모든 엄마는 완벽할 수 없다. 잘한 판단조차도 아이에게는 상처가 되기도 한다. 사랑으로 행한 일이 아이에게는 압력 행사가 되기도 한다. 무심코 던진 말이 아이에겐 평생 잊지 못하는 조롱이 되기도 한다. 처음 해보는 엄마 노릇이니 잘한 것 반, 망치는 것 반이다. 그럴수록 언젠가 기회를 만들어 한 번은 세세히 되짚어봐야 한다. 아이들 마음속에 있는 '엄마 잘못 리스트'를 차분히 읽어 내려가봐야 한다. 그것이 잘못이었다고 스스로 인정하고 회개를 해야 한다. 그리고 아이에게 직접 진심으로 사과해야 한다. 그래야 아이의 마음속 상처 난 부위가 치유되고, 고장 난 부분이 바로잡아진다.

부모 자식 사이니까 사소한 것들은 '퉁쳐도' 될 것 같지만, 절대로 그렇지 않다. 오히려 부모 자식 사이기 때문에 남들과의 사이에서보다 훨씬 더 많은 사건들이 벌어지고 더 많이, 더 아프게 쌓인다. 하지만 결국 혈연이기 때문에 진심이라면 반드시 통하게 돼 있다.

지금도 당신은 자신도 모르게 아이를 아프게 하고 망치는 일을 하고 있을지 모른다. 내 딴에는 확신을 갖고 하는 일이 아이를 병들게 만들 수 있다. 엄마들에게 부탁하고 싶다. 엄마와 아이, 그리고 엄마의 잘못까지, 이 삼자대면의 시간을 가져서 나중에 더 큰 후회를 만들지 말자.

자식이라는 종합선물세트

아이를 낳아서 키운다는 것은 '종합선물세트'를 받는 것과 같다.
온갖 종류의 비스킷과 캐러멜, 사탕이 가득 들어 있는 과자 상자.
아이가 커갈수록 그 맛도 달라진다.

갓난아기 때는 마치 '솜사탕' 같다.
볼에 뽀뽀만 해도 목욕만 시켜도 녹아버릴 것만 같다.
눈에 넣어도 안 아픈 자식이란 말이 딱 맞다.

아장아장 걷는 두세 살 때는 '새콤달콤한 캐러멜.'
상큼한 아이의 미소만 보고만 있어도 금세 입이 귀에 걸린다.

유치원에서 배운 노래를 따라 하는 다섯 살부터는 '초콜릿'이다.
먹고 또 먹어도 질리지 않는 달콤한 맛 같다.
아이를 키운다는 게 언제까지나 이렇게 달달할 줄 알았다.

그런데 사춘기 때부터 갑자기 매운맛이 나기 시작한다.
과자 상자를 열면 거들떠도 보지 않는 '계피 과자' 같은 맛.

옆에서 재잘거리던 아이가 갑자기 싸늘한 말투에
인사조차 안 하는 낯선 아이가 된다.
아직 독립하지 못하고 방황하는 20대엔
질기고 딱딱한 '오징어 다리' 같다.
이는 아파 죽겠는데 버릴 수도 없고 삼켜지지도 않는 텁텁한 맛.
언제까지 이걸 씹고 있어야 하나, 한숨이 절로 나온다.

그러나 시간이 지나면 사람도 익어가고 맛도 무르익는다.
아이가 서른이 넘어가면 '홍삼' 같은 자식이 된다.
부모를 챙기고 보살피는 최고의 보약이 따로 없다.

'탄생'이라는 선물 상자에는 단맛, 쓴맛, 매운맛이 전부 들어 있다.
좋아하는 과자만 골라 먹을 수도, 싫어하는 과자를 골라 버릴 수도 없다.
모든 게 골고루 있어야 비로소 자식이라는 '종합선물세트'가 완성된다.
그렇게 우리는 인생의 모든 맛을 맛본 후에야
진짜 엄마가 되는지도 모른다.

아버지의 잘난 척이 제일 위험하다

내 주변에는 잘난 아빠들이 참 많다. 자수성가해서 사업을 일으킨 사장님들부터 명문대 나와 대기업 다니는 임원들, 유학 갔다 온 대학교수들까지 다들 꽤나 성공한 이들이다. 그런데 이렇게 잘난 아빠들일수록 착각하기 쉬운 게 있다. '아버지는 이만큼 했어'를 말해주는 게 최선의 자녀 교육이라 믿는 것이다.

"아빠가 너만 했을 때는 네 시간 이상 잠을 자본 적이 없어."

"아빠 어느 대학 나왔는지 알지? 너도 그 정도는 할 거라 믿는다."

"남자는 리더십이 있어야 돼. 아버지 봐봐. 밑에서 일하는 직원만 100명이야."

예전에 얼마나 죽도록 뛰어서 지금의 자리에 왔는지, 지금 얼마나 잘나가는지를 얘기해줄수록 아이가 자신을 보고 배울 거라고 믿는다. 그러나 이거야말로 애들 잘 때 나가서 잘 때 들어오는 아버지들의 한계다. 남자들은 애들이 어렸을 때부터 직접 키워보질 않고 지켜만 봐서 육아에 서툴다. 이 단순한 아빠들은 '너를 지켜보는 사람이 얼마나 대단한 사람인 줄 알아?'를 말해주는 게 자녀 교육인 줄 안다.

특히 회사에서 '윗분'으로 계신 아버지들은 '자기 잘남'으로 똘똘 뭉쳐 있는 경우가 많다. 주변에서 잘한다, 대단하다 소리를 들으니 도대체 내 못난 점을 발견할 수가 없다. 그런 아버지들은 자식 대하는 법도 잊어버려서 마치 아들을 자기 부하 직원처럼 대하는 경우가 많다. 지금 어떻게 지내는지, 꿈은 무엇인지, 그걸 위해서 뭘 해야 하는지 등등을 정리해서 사업 계획 보고하듯이 보고받길 원한다. 아직 제대로 크지도 않은 아이에게 말이다.

그러나 이들 눈에는 스펙 훌륭한 자기 직원들도 성에 안 차는데 사춘기 아들은 오죽할까. 만날 잠이나 자지, 공부 안 하지, 목표가 뭐냐고 물어도 재깍재깍 대답도 안 하지. 세상에 사춘기 아들처럼 한심하고 지질한 인간이 없다. 게다가 집요한 아버지들은 똑똑함과 노련함을 무기 삼아 두 시간이고 세 시간이고 아이를 앉혀놓고 기어이 자신이 원하는 답을 아이 입으로 말하길 강요한다. 아이가 소신대로 자기 생각을 얘기하면 그게 왜 틀린 답인지 논리적으로 아이를 '작살'을 내고야 만다.

그러나 서른 살 많은 데다가 집안의 경제권을 쥐고 있는 권력자의 말이 아이에게 어떻게 들릴까. 보이지 않는 주종 관계로 얽혀 주눅 들어버린 아이의 입장에서는 아빠 딴에는 친근하게 던진 사소한 말조차도 엄청난 폭력이 될 수 있다.

내 주변에도 그런 아이가 하나 있었다. 아이의 아버지는 최고 엘리트 코스만 밟은 의사였다. 아이도 고1까지는 전교 3등 안을 놓치지 않았다. 그런 아들을 볼 때마다 아버지는 말했다.

"역시, 넌 나를 그대로 닮았어. 내 아들 맞네, 맞아."

아이가 노력해서 이룬 모든 것들까지 다 자기 공으로 돌리는 잘난 아버지에게 아들은 점점 지쳐가기 시작했다. 서서히 병들어가던 아이는 사춘기가 오면서 어느 순간 공부의 끈을 놓아버렸다. 그러자 아버지는 대번에 아들에게 이렇게 말했다.

"너, 내 자식 맞냐?"

왜 고등학생이 시끄러운 음악을 들으면 안 되는지, 왜 친구 만나서 밤늦게 들어오면 안 되는지, 지금 성적이 떨어지면 어떤 일이 벌어지는지, 아버지는 그 시절에 어떻게 공부했는지, 아들을 볼 때마다 인신공격에 가까운 설교를 늘어놓기 시작했다. 낭떠러지 끝에 서 있던 아이를 더 무릎 꿇게 만들었고, 대적할 수 없는 명령 앞에서 좌절하게 만들었다. 그 후 이 집에 어떤 일이 벌어졌을까.

아이는 아버지에게서 벗어나기 위해 최악의 방법을 택했다. 말랑말랑하게 보이면 자꾸 건드리니까 못된 놈이 되기로, 부모에게 겁을 주기로 작정했다. 공부에서 완전히 손을 놓은 것은 물론이고 화가 나면 온 집 안의 물건을 때려 부쉈다. 아버지가 화내고 때리면 같이 맞붙어서 몸싸움도 불사했다. 결국 아이는 자살 소동까지 벌이며 아버지가 완전히 무릎을 꿇을 때까지 스스로를 더욱더 벼랑 끝으로 몰고

갔다.

몇 년이 지난 지금, 아버지와 아들은 서로를 포기한 채 남남처럼 산다. 그리고 둘 사이의 마음의 강에는 엄청난 상처와 미움이 흐르고 있다. 아버지에 대한 울분을 채 다 풀지 못한 아들은 성인이 된 지금도 미움, 분노, 원망에 에너지를 다 쓰느라 자신의 길을 찾지 못하고 있다. 남들보다 앞서가려다가 결국 훨씬 더 먼 길을 돌아가게 된 것이다.

•

걱정 마, 아빠는 네 편이야

엄마의 잔소리는 아이를 작게 망칠 수 있다. 그러나 아버지의 권위적인 잘난 척은 자칫 자녀를 크게 망칠 수 있다. 실제로도 완벽한 아버지 밑에서 완전히 망가져가는 자녀들이 내 주변에도 적지 않다. 그러나 아버지들은 자기가 잘난 척한다는 걸 잘 인정하지 않는다. 내 자식에게 이 정도 말도 못 하냐며 여전히 큰소리친다.

'잘난 척'의 핵심은 아이가 나와 다를 수 있다는 것, 아이가 지금 처한 현실과 상황을 인정하지 않는 거다. 그래서 나의 잘남을 보여줄수록 나를 보고 배워서 더 잘될 거라고 생각한다. 물론 여기에는 당연히 '너는 나만큼 해야 돼'라는 전제가 붙는다. 그 정도의 높은 목표를 완수하는 과정에는 실패와 좌절이 동반되는 게 당연하다. 그러나 실패를 용납하지 않는 부모 밑에서 아이는 결국 포기를 선택하고 만다. 아버지가 인정해주지 않는 아들은 극단적인 포기를 선택할 가능성이 높다.

아이의 입장에서는 거역할 수 없는 아버지의 명령을 완수해내지 못하는 스스로를 보면서 자존감이 무너져버린다. 자신의 저력과 가능성에 대해서 조금도 인정해주지 않는 부모에게 지속적으로 강요당하고 무시당하는 것은 자신의 존재를 통째로 부정당하는 것이나 마찬가지다. 결국 쓸모없는 인간이라는 생각이 들면 스스로를 괴롭히거나 부모를 괴롭히게 돼 있다. 대부분 이런 충돌은 사춘기 때 집중적으로 벌어진다. 내가 누군지 알아내고, 좋아하는 게 무엇인지 생각하면서 자의식이 용솟음치는 이때, 누군가 거역할 수 없는 명령으로 끌고 가면 격하게 반발하게 돼 있다.

사춘기 아이에게 아버지는 절대적으로 중요한 존재다. 그때 아들들은 아버지로부터 남자다움, 배려, 세상을 살아가는 용기, 좌절에서 일어나는 법을 배워야 한다. 아버지가 아들과 정상적이고도 원만한 관계를 맺으려면 먼저 자신과 아들이 다른 생명체이며 다른 특성을 가진 인간이라는 것을 인정해야 한다. 다시 말해 다른 천재성을 가졌다는 것이다. 아빠는 수학을 좋아하는 사람이지만 아들은 문학과 예술을 좋아할 수 있다. 나와 아이가 다르게 태어났다는 것부터 이해해야 한다.

또 하나, 아버지의 과거와 자식의 현재를 비교하지도 말아야 한다. 내가 아는 지인은 자신이 이해심 많은 아버지라며 이런 말을 한 적이 있다.

"우리 아들은 대학생인데 아무 생각이 없어요. 그런데 생각해보면 나도 그 나이 때는 별 생각이 없었던 것 같아요. 그러니까 속이 터져도 이해해야죠, 뭐."

이것이 그의 한계다. 내가 그때 그랬으니 아들도 그럴 수 있다는 것은 만약에 나는 그때 안 그랬는데 아이가 그러면 그것은 문제라는 뜻이다. 실제로 그는 아들의 행동을 사사건건 지적하고 참견하는 바람에 거의 대화 단절 상태까지 가 있었다.

양육이 무엇인지 제대로 치열하게 고민해보지 않은 아버지의 이해는 딱 거기까지다. 사람마다 삶의 흐름은 각기 완전히 다른 것이 정상인데 그조차도 제대로 이해하지 못하니 아이들은 숨이 막힐 지경이다. 아버지의 생각 없는 양육 철학을 바꾸는 것은 자녀에게 죽을 때까지 불가능한 일이다. 그래서 아버지가 먼저 변해야 한다. 가장 먼저 나와 다른 인간인 자식을 나와 비교하고 '견적 내는' 일을 멈춰야 한다. 그리고 일상의 대화에서부터 잘난 척을 빼야 한다.

'아빠는 말이야…'로 시작하지 말고 '넌 요즘 어때?'로 시작하는 게 좋다. 내 얘기를 하기보다 아이의 얘기를 먼저 들어주는 게 기본이다. 그리고 열다섯 살의 상황으로 들어가서 아이가 자신을 완성해 나가느라고 얼마나 힘든지를 알아주고 격려해줘야 한다. 엄마가 아이를 세심하게 돌본다면, 아버지가 줘야 할 것은 '여유'다. 그 무렵의 아이에게는 '걱정하지 마. 아빠는 네 편이야' 같은 동지 의식과 전우애가 정말 필요하다. 인간 대 인간으로 아버지가 인정하는 아이일수록 나중에 더 잘된다.

자녀들은 아버지가 굳이 얘기 안 해도 이미 다 안다. 아이들도 옆에서 15년을 지켜봤으니 아버지가 나 때문에 고생하는 것, 훌륭한 것 다 안다. 그렇지만 아버지가 아버지의 인생을 열심히 살아낸 것처럼 아이들도 자신만의 인생을 살아보는 중이다. 아닌 것 같은 건 버리고, 수정하고, 그렇게 삶을 연습하느라 힘든 아이들을 더 이상 아프게 해서는 안 된다.

몇 년 전 강의에서 아버지들을 대상으로 '부모의 자존감이 아이의 미래다'라는 주제로 강의를 한 적이 있다. 강의가 끝나자 한 아버지가 손을 들었다. 질문이 뭐냐고 묻자 그가 말했다.

"아니요. 질문이 아니고요. 정말 너무 감사합니다. 제가… 제가…."

한동안 그는 눈물을 참느라 말을 잇지 못했다.

"제가 사실은 고1, 고3 아들 둘이 있는데 그놈들을 사람 취급을 안 했거든요. 오늘 집에 돌아가면 가만히 아들들을 안아주겠습니다. 그리고 너희는 참 괜찮은 사람이라고 말해주겠습니다…."

아버지들이 일부러 그렇게 아이들을 대한 것이 아니다. 그들 자신도 그렇게 자랐기에 그 방법 외에는 잘 몰랐던 것이다.

만일 아무리 이야기해도 아버지가 잘못된 행동을 멈추지 않는다면, 그래서 혹시라도 상황이 심각해지면 엄마가 나서서 아버지로부터 아이를 지켜야 한다. 남편이 아이를 지속적으로 자극하거나 잘못된 행동을 할 때 남편을 제압할 수 있는 용기가 필요하다. '내가 알아서 할 테니 당신은 뒤로 빠지고, 지금부터 아이한테 아무 말도 하지 말라'고 분명히 말해야 한다. 집안에 두 사람이 모두 좋은 엄마요, 아빠이면 금상첨화지만 한 집안에 딱 한 명만 제대로 있어도 아이들은 엇나가지 않는다. 그러나 둘 다 포기해버리면 가엾은 아이들은 기댈 곳이 없게 된다. 부부가 반대인 경우도 더러 있다. 그럴 경우는 남편이 나서서 아내를 설득해야 한다. 무엇이 옳은 자녀 양육인지 대화하고 서로의 스승이 되어야 한다.

물론 아내도 남편을 변화시키려는 노력이 중요하다. 남편과 지속적인 대화를 하고 아이에 대해 이해시키고 때로는 사정도 해보자. 그러나 살아본 여자들은 안다. 자녀를 변화시키는 것보다 다 큰 남자의 생각과 행동을 바꾸는 게 얼마나 더 힘든 일인지. 실제로 그런 노력에도 불구하고 아무런 변화가 없다면 남편의 지적 폭력, 잘난 척으로 똘똘 뭉친 정신적 학대를 멈추게 해야 한다. 아이와 거리를 두게 해서라도 아이부터 지켜내야 한다. 부부가 자녀를 대하는 방식에 문제가 있다는 것을 알면서도 서로 책임을 미루면 자존감 없이 자란 아이들은 평생의 숙제로 남는다. 아이의 자존감을 키우는 것은 결국 부모의 미래도 함께 만드는 일이다.

'7세 고시'는 아이를 위한 걸까?

얼마 전, 대치 맘들 사이에서 '7세 고시'가 유행이라는 뉴스를 봤다. 초등학교 입학 전 만 다섯 살, 여섯 살 아이가 유명 학원에 들어가기 위해 치르는 시험을 '고시'에 빗대어 하는 말이란다. 엄마가 제 손으로 제 아이를 경쟁터에 몰아넣는 일은 이제 익숙하다 못해 지겨울 정도다. 아이를 유명 영어 유치원에 넣으려고 새벽부터 줄을 서고, 이 학원에서 저 학원으로 '순간 이동' 시키기 위해 학원가 길바닥에서 줄서기를 반복하는 엄마들.

그런데 '고시'라는 말이 주는 어감이 참 묘하다. 사법고시, 행정고시, 외무고시… 우리 세대에 개천에서 용 나려면 통과해야 하는 시험이 고시였다. 붙기만 하면 판검사나 고위직 공무원이 되어 신림동 고시생에서 강남 최고의 신랑감으로 급부상하는 바로 그 시험. '7세'라는 나이에 '고시'를 붙여놓으니 마치 이 시험에 합격만 하면 앞날이 확 열릴 것 같은 기대감을 준다. 스무 살까지 기다릴 필요 없이 일곱 살부터 인생이 확 풀릴 것 같은 기대감. '7세 고시'라는 말에는 하루빨리 아이로부터 자유로워지고 싶어 하는 부모의 욕망이 그대로 담겨 있다.

우리 사회는 고시에 유난히 약하다. 고시를 패스한 사람은 무조건 '성공한 인생'으로 간주된다. 추리닝만 입고 골방에 처박혀 청춘을 다 바쳐도 합격하기만 하면 모든 게 괜찮아지는 마법. 이런 까닭에 엄마들은 젓가락질도 못 하는 아이에게 수험표를 들이민다. 영재반에 붙고 명문고에 가고 마지막으로 SKY만 찍으면 이후엔 인생이 마냥 탄탄대로일 거란 사교육 시장의 약속을 철썩같이 믿는다.

그런데 7세 고시를 통과한 아이들 인생은 정말 순탄할까? 울퉁불퉁 비포장도로가 아닌 아스팔트 깔린 고속도로가 펼쳐지는 걸까? 과연 이 경쟁이 아이를 더 잘되게 만드는 것은 맞을까?

확증 편향이라는 게 있다. 자신이 믿고 싶은 정보만 받아들이고 그 외의 정보는 무시하는 성향이다. 그런데 우리나라 교육만큼 이 확증 편향이 강하게 작용하는 분야도 없다. 엄마들은 1퍼센트의 성공 사례를 보며 믿는다. '우리 아이도 저렇게 될 거야.' 그런데 99퍼센트의 실패 사례에는 볼륨을 줄인다. '저건 우리 집 일이 아니야.' 여섯 살, 일곱 살 아이를 시험장으로 들여보내는 엄마들도 참 불쌍하다. 아이 인생을 어떻게든 잘되게 만들어야 한다는 사회적 압박, 성과 위주의 교육 시장에서 아이의 성과를 만들어줘야 한다는 스트레스를 고스란히 엄마가 짊어지고 있기 때문이다.

그런데 엄마한테 떠밀려 고시장에 들어가는 아이들은 어떤 상태일까? 호기심 많고 상상력이 풍부해야 할 나이에 문제 하나 더 풀려고 책상에 앉아 있다. 초등학교 1학년이 고등학생도 못 푸는 수학 문제를 푼다. 수학 공식만 바라보고 하루 종일 머리만 쓴다. 그 나이의 뇌는 아직 단일 과제에 집중할 수 있는 구조가 아니다. 이야기를 읽고 듣고 상상하고, 친구랑 뛰놀며 즐겁고 기쁘고, 호기심 가득하게 세상을 바라보고 오감을 키워야 할 나이에 강제로 책상에 앉아서 뇌를 서서히 망가뜨리고 있는 것이다.

어떤 엄마는 이렇게 되묻는다.

"아니, 애가 공부하는 게 뭐가 문제예요? 당연한 거지."

물론 공부는 필요하다. 나 역시 환갑 넘은 이 나이에도 하루도 빼놓지 않고 영어 공부를 하고 책을 읽고 지식과 정보를 찾아 배운다. 공부가 문제인 게 아니란 걸 엄마들도 알고 있지 않은가. 문제는 '타이밍'이다. 나이에 맞지 않는 선행 학습, 수준에 맞지 않는 어려운 문제를 풀며 아이가 느낄 고통과 좌절감을 생각해보라. 타이밍이 그르친 공부는 아이의 자존감을 무너뜨리고 오히려 공부에 대한 흥미를 빼앗아간다.

일찍 시작한다고 멀리 가는 게 아니다. 오히려 빨리 시작한 아이가 지쳐서 제일 먼저 멈추는 경우가 더 많다. 남들이 하지 않을 때 좀 더 일찍 시작하면 더 많은 기회를 가질 수 있을 거라는 엄마의 착각과 욕심이 아이에게 강제로 지식을 구겨 넣는 것이 7세 고시의 전말이다.

만약 시험에 합격해 영재반에 잘 다니던 아이가 중학교에 올라가더니 우울증이 와서 방에 틀어박혀 게임만 하고 있다면, 과연 남들보다 앞서간다고 말할 수 있을까? 공부하기 싫다고 반항하는 고등학생 아이를 계속 설득해 책상 앞에 앉게 할 자신이 있을까? 엄마가 아이의 자아를 자기 마음대로 할 수 있는 시기는 정말 짧다. 초등학교 3학년만 되어도 아이는 엄마 말을 더 이상 듣지 않는다. 그래서 7세 고시는 있어도 10세 고시는 없는 것이다.

공부 잘하고 말 잘 듣는 아이의 역설

엄마 손에 이끌려 어릴 적부터 혹독한 레이스를 뛰다가 거식증에 걸려 방문을 걸어 잠근 사례도 있다. 자기 방에 틀어박힌 아이는 이틀에 한 번씩만 밥을 먹으러 나오는데 그마저도 얼마 먹지를 않아 그 집의 소원은 딱 하나, 아이가 밥 한 그릇을 비우는 것이다. 생물로서 최소한의 욕구, 최소한의 에너지 공급도 끊어버리고 비쩍 말라버린 아이. 누가 이 아이를 지옥에 밀어넣었을까?

나는 이런 아이를 둔 엄마들에게 아이를 '종 부리듯' 키우지 말라고 조언한다.

"엄마, 나 뭐 하면 돼요?"

"수학 문제 풀어. 7세 고시 보러 갈 거야. 무조건 영재반 들어가야 해."

그다음은 명문 고등학교, 그다음은 명문 대학까지 착착 치러서 대기업에 골인! 과연 그 집 엄마는 성공했을까? 아니다. 아이는 서른 살이 되어서도 여전히 엄마에게 묻는다.

"엄마, 나 이 다음에는 뭐 하고 살아야 하죠?"

엄마가 시키는 입력값대로만 살아온 아이는 결코 스스로 판단하고 생각하는 인생을 살 수 없다. 내가 이런 말을 꺼내면, 어떤 엄마는 이렇게 말한다.

"전요, 우리 애가 공부 잘하고 제 말만 잘 들어도 소원이 없겠어요."

하지만 아이가 공부 잘하고 부모 말 잘 듣는 것만으로 괜찮을 거라는 믿음이야말로 가장 위험하다. 우리 사회엔 무수한 성공 루트가 있다. 공부 하나 잘해서 명문대 가고 대기업 취업하는 길은 하나의 성공 루트일 뿐이다. 심지어 루트는 그대로 따랐다고 해도 성공했는지는 나중을 봐야 아는 일이다. 대기업까지 들어갔다가 힘들어서 못 다니겠다고, 적성에 안 맞는다고 뛰쳐나오는 직장인이 얼마나 많은가.

세상엔 부모가 모르는 다양한 방식의 성공이 존재한다. 자기만의 아이템으로 창업하는 사람, 작은 가게를 차려 성실히 일하는 사람, 자기 재능을 사회에 드러내며 뜻밖의 성취를 이루는 사람들… 수만 가지 성공의 루트가 있다. 심지어 기존의 정해진 루트는 시시하다고 자기가 루트를 만들어버리는 루트 개척자들도 많다. 사람들에게 추앙받는 성공 케이스는 이런 개척자 유형일 가능성이 높다.

그런데도 부모가 아이에게 오직 공부만 하라고 강요하면 어떻게 될까? 아이는 뇌가 가장 유연한 10대, 20대 시절에 자신이 뭘 좋아하는지, 무엇을 잘하는지 직접 실험해볼 기회를 통째로 잃는다. 이런 아이에게는 '공부'만이 유일한 길이 된다. 그 외의 가능성은 애초에 존재하지 않는다. 엄마가 알려주지 않았으니까. 공부라는 줄 하나에 매달려 그 줄이 끊기면 곧바로 낭떠러지로 떨어지는 기분. 이런 아이들은 평생 좁은 벼랑길을 아슬아슬하게 걷는다. 게다가 간신히 그 줄만 붙든다고 인생이 순탄하게 흘러가는 게 아니다. 대학에 들어가고 난 뒤에야 진짜 문제가 시작되니까.

내가 아는 한 청년도 그랬다. 학벌 좋은 부모 밑에서 시킨 대로 착실히 따라온 그는 빈틈없이 계획된 길을 밟아 SKY에 들어갔다. 하지만 졸업을 앞두고 문제가 생겼다. 전공도 유망하고 학점도 좋았지만 정작 자기 자신이 하고 싶은 일은 없었다. 하고 싶은 일이 없으니 자신의 미래를 위해 무엇을 준비해야 할지도 몰랐다. 그래도 남들이 가는 길을 그럭저럭 따라가면 되지 않을까 싶었다.

하지만 이상한 일이었다. 청년은 대기업 취업 문턱에서 계속 고배를 마셨다. 입사 시험에서는 항상 합격이었는데, 이상하리만치 3차 면접만 보고 나면 불합격이었다. 그동안 쌓아온 공부 실력은 있어서 시험은 곧잘 봤지만, 돌발 상황에 대처하는 능력이나 타인과 소통하며 자기 의견을 표현하는 능력은 익숙하지 않았던 것이다. 부모는 의기소침해진 그에게 다시 말했다.

"그럼, 수능 다시 봐. 의대 가자. 전문직 자격증 하나 있으면 인생 편해진다."

스물아홉 살, 다시 목표가 입력되었다. 하지만 그는 더 이상 확신이 들지 않았다. 자신이 뭘 좋아하는지도, 뭘 할 수 있는지도 도무지 감이 안 잡혔다. 의대 입시반 학원증을 내미는 엄마에게 울면서 말했다.

"이게 정말 내가 가야 할 길인지 모르겠어요."

청년의 이야기를 들으며 나는 생각했다. 사춘기 시절 부모와 대립하며 자아를 찾으려 했던 아이보다 말 잘 듣고 공부 잘하던 착한 아이가 더 무서울 수도 있다고.

공부를 잘하는 것은 분명 중요하다. 아직 학력이 지배하는 우리나라에서 공부는 하나의 성공 루트가 될 수 있다. 하지만 그게 전부인 것은 아니다. 공부 하나만이 아이 인생을 책임질 수 있다고 믿는 순간, 우리는 아이 앞의 수많은 가능성을 차단하게 된다. 부모의 성공 기준 안에 아이의 잠재성을 가두게 되는 것이다.

실패해도 괜찮다고, 공부만이 제일이 아니라고 배운 아이는 세상과 부딪치며 자기만의 길을 조금씩 만들어간다. 부모가 정해준 목표 없이 자란 아이들, 그 아이들은 숱한 실패와 좌절의 길 위에서 자신의 가능성을 무한대로 시험하고 부모가 미처 상상하지 못한 곳까지 자기 힘으로 간다. 공부라는 좁은 트랙 위가 아니라 세상 전체를 자기 무대로 삼아 종횡무진한다.

그렇게 해서 아이 스스로 길을 찾아냈다면? 그 아이는 한 번 성공한 게 아니다. 곱절의 곱절을 성공한 것이다. 왜냐하면 그저 길만 찾아낸 게 아니라 그 길을 찾는 실력까지 갖춘 거니까. 그래서 정해진 루트를 따라가기만 한 아이들보다 자기 루트를 만들어간 아이들이 더 단단하게 오랫동안 성공한다.

혹시 지금 내 아이의 무한한 가능성을 공부라는 잣대로만 재단하고 있진 않은가? 그 기준은 진짜 아이를 위한 걸까, 아니면 내 불안을 달래기 위한 것일까? 부모가 불안하면 아이는 숨을 쉬지 못한다. 부모의 불안을 아이에게 떠밀수록 아이의 길은 점점 더 좁아질 뿐이다.

아이의 가능성을 믿는다는 건 '아무 걱정도 하지 않는다'라는 뜻이 아니다. 그저 내가 생각한 길이 아니어도 괜찮다고, 아이의 속도로 가도 괜찮다고 인정하고 지켜봐주는 것이다. 그런 믿음이 있다면 더 이상 7세 고시라는 좁은 문에 아이를 억지로 밀어 넣지 않게 된다.

아이와 통하는 엄마의 대화법

중1이 된 막내가 밤늦게까지 시험공부를 할 때였다. 공부에 지친 아이가 갑자기 마들렌이 먹고 싶단다. 마음 같아서는 당장 나가 사 오고 싶었지만 이미 빵집이 문을 닫았을 시간이었다. 그러자 아이는 잠깐 고민하더니 이렇게 말했다.

"그냥 내가 하지 뭐. 내가 문제 풀고 나올 때까지 엄마는 이거 준비해줘."

그러면서 마들렌을 만들 기초 재료들을 써주더니 이렇게 저렇게 해놓으라고 '지시'를 하기 시작했다. 그렇게 아이는 총주방장, 나는 보조가 돼서 한 시간 만에 마들렌을 구워 먹었다. 내 딸이지만 정말 아이의 솜씨라고는 믿기지 않을 만큼 맛있었다. 먹을 때마다 나도 모르게 감탄사가 절로 나왔다.

"진짜 맛있다. 넌 어쩜 이렇게 요리도 잘하니?"

그때 막내의 의기양양한 눈빛은 내게 이렇게 말하고 있었다.

'엄마, 내가 이 정도로 과자를 잘 만든다니까. 엄청 놀랐지?'

아이들도 가끔은 어른들을 놀라게 하고 싶어 한다. 어른 못지않은 특별한 뭔가로 부모를 기죽이고 싶어 한다. 늘 어른 밑에서 어른이 시키는 대로 사는 건, 늘 부모의 잘난 척을 봐주면서 사는 건 아무리 아이라도 자존심 상할 때가 있다. 그래서 가끔은 부모보다 더 잘하는 게 있다는 걸 보여주고 어른 대접을 받길 원한다. 이것 역시 아이들이 가진 다양한 성장의 모습 중 하나다.

그러나 많은 부모들은 아이에게서 놀라고 싶은 과목이 이미 정해져 있다. 아이가 좋아하는 것이 아니라 공부로 놀라봤으면 좋겠다. 그러나 애들 입장에서는 부모가 시켜서 하는 것은 잘해도 별로 재미가 없다. 얼마나 잘하는지 점검당하거나 무시당하기 일쑤니까.

"너 영어 발음이 그게 뭐니? 그렇게 영어 학원을 오래 다녔는데 왜 여행 가서 한마디도 안 해?"

공부가 잘 안되는 애들은 부모를 기죽일 수 있는 기회가 없다. 운동이나 기타 연주 같은 걸 특출나게 잘하는 아이라도 "그까짓 거 잘해서 뭘 하니? 공부를 잘해야지!" 하는 순간, 고개를 숙이고 입을 닫게 된다. 아이들 입장에서는 그것은 소통을 완전히 단절시키는 말이다.

자녀들은 누구나 자신이 잘하는 걸로 부모와 대화하고 싶다. 그건 사실 어른들도 마찬가지다. 솔직히 말하면 어떤 대화든 은근한 잘난 척을 기본으로 깔고 간다. 서로에게 공감해주고 지지해줄 때 어른들의 관계도 저절로 돈독해진다. 이런 공식은 아이들과의 대화에서도 그대로 적용된다.

특히나 남자아이들은 자기가 성취한 것에 대해 부모에게 엄청 자랑하고 싶어 한다. 대놓고 하는 경우도 있지만 실패담인 척 돌려서 얘기하는 경우도 많다. 학교에 다니던 둘째가 쫙 깔린 목소리로 전화를 했다.

"엄마, 나 선생님한테 야단맞았어."

"왜?"

"악보대로 안 친다고. 내가 필(feel)이 너무 뛰어나서 다른 애들이 연주할 때 못 따라오니까 악보대로 치는 연습 좀 하라고 했어. 그렇지만 선생님은 내 필이 너무 좋대."

"고~~래? 너 필이 장난이 아니구나. 야야, 살살 좀 해. 다른 애들 기죽이지 말고!"

"근데 그게 조절이 잘 안돼. 연주할 때 필 받으면 제어가 안 돼."

아들은 그 '필'에 관해 30분이나 더 자랑질을 했고, 나는 그 자랑질을 완벽하게 즐겨줬다.

"그래도 성적 잘 받으려면 선생님이 부탁한 대로 해야겠어."

마무리에서 아들은 제법 성숙한 모습도 보여주었다.

사실 아들의 얘기를 들여다보면 처음부터 끝까지 완전한 잘난 척이다. 아예 잘난 척을 하려고 전화를 한 것이다. 이럴 때는 그냥 즐기면서 끝까지 들어줘야 한다.

'너 그러다가 성적 안 나오면 어쩌려고 그래?' 같은 말은 굳이 안

해도 된다. 듣다 보면 결국 본인이 하게 되어 있다. 중요한 것은 엄마를 기쁘게 하는 자신의 잘난 척이 잘 먹히기만 하면 아이들은 가장 선한 결론을 스스로 낸다는 것이다. 잘 들어주다가 마지막에 훈계를 하면 다음부터 전화를 안 한다. 그래서 나는 아이가 잘난 척할 때는 "우리 아들 대단하다"로 끝낼 뿐 다른 말을 안 한다. 그래야 아이가 부모와 '통한다'고 느끼고, 그런 확신이 서야 다시 대화를 시도하기 때문이다.

꼭 해야 할 말은 가끔씩만 하면 된다. 사실 엄마가 아이한테 요구하는 건 몇 개 안 된다. 돈 아껴 써라, 공부 열심히 하고, 너무 늦게 다니지 말고. 그에 비해 자녀의 일상은 하루하루가 너무나도 버라이어티하다. 그걸 미주알고주알 들어주는 게 최고의 소통이다. 별다른 스킬도 필요 없다. 잘난 척할 때는 신나게 들어주고, 재미있는 얘기할 때는 '그래서? 어떻게 됐어?' 같은 리액션만 해주면 된다. 호기심과 칭찬으로 서로 통한다고 느끼면 믿음은 저절로 커진다. 사실 자식 키우는 재미라는 게 별거 없다. 잘 통하고 서로 행복해하면 그게 최고다. 요즘도 가끔씩 아이들에게 문자를 넣어본다.

'요즘 뭐 재미있는 거 없어?'

'ㅋㅋㅋ 왜 엄마, 심심해? 기다려봐, 밤에 전화할게.'

이보다 더 즐겁고 행복한 기다림은 없다.

엄마가 시험 때 왜 필요해?

미국 사는 친구가 1년 만에 한국에 놀러 왔다. 오랜만에 단짝 친구 세 명과 모여서 밤새워 이야기하자고 약속해놨는데, 막상 나가려니 막내가 마음에 걸렸다. 기말고사 기간이라 애는 고생하는데 엄마가 돼가지고 친구들이랑 놀러 나간다니, 이래도 될까.

"있잖아, 오늘 미국에서 엄마 친구가 한국에 1년 만에 왔어. 그래서 오늘 엄마 베프들이랑 밤새워 이야기하기로 했는데… 너 엄마 없어도 괜찮아?"

"응, 그럼. 걱정 말고 놀다 와."

"미안해서 그러지. 시험 기간인데."

"엄마, 시험 기간에 엄마가 왜 필요해? 공부는 나 혼자 하는 건데. 엄마가 진짜 필요한 때는 언젠 줄 알아? 다음 주말. 시험 끝나고 홍대

나가서 맛있는 거 먹고 쇼핑할 때!"

완전 한 대 얻어맞은 느낌. 너무 맞는 말을 하니까 오히려 내가 바보가 된 기분이었다.

그래 그렇지, 시험 기간에 엄마가 왜 필요해? 공부는 혼자 하는 건데…. 막내는 이제 시험공부 해야 하니까 나가라며 아예 등을 떠민다.

"저녁도 많이 먹었고 간식도 있으니까 걱정 말고 다녀오세요!"

얼마 전까지 엄마 껌딱지이던 애가 언제 저렇게 컸을까. 언제부터 저렇게 방문을 닫아걸고 혼자 공부하기 시작했을까. 생각해보면 막내뿐 아니라 세 아이가 모두 그랬다. 자기 사업을 하는 첫째는 "뭐라도 도와줄까?"라고 물으면 혼자 할 거라고, 내 일인데 왜 엄마가 걱정을 하느냐며 근처에도 못 오게 한다. 피아노 치는 둘째는 "엄마가 언제 네 연주 들으러 갈까?"라고 물으면 때가 되면 자기가 알아서 초대할 테니 오지 말라고 한다. 서운한 마음이 들기도 하지만 왜 그러는지는 충분히 이해한다. 아이들은 자신이 깨지고 넘어지는 모습을 엄마에게 보여주고 싶지 않은 것이다. 첫째는 메뉴 개발, 홍보 등 자신의 시행착오들을 보여주고 싶지 않았을 것이고, 아들은 아직 시원찮은 연주 솜씨를 보여주고 싶지 않았을 것이다. 막내 역시 틀린 문제집을 보여주고 싶지 않은 데다 혼자만의 시간이 필요했을 것이다. 아직은 지질하지만 언젠가는 잘될 거라는 믿음 속에서 홀로 있고 싶어 하는 것이다.

사실 나 역시 그랬다. 고등학교 때 음대를 가기 위해 피아노 연습을 할 때면 "또 밤을 새서 어쩌냐"고 걱정하는 엄마에게 항상 먼저 자라고 했다. 아무리 연습해도 쉽게 늘지 않는 내 실력을 매일 보여주고 싶지 않았다. 공부도 힘든데 매일 엄마에게 보여줘야 한다면 오히려 그 스트레스가 입시 스트레스보다 더 심했을 것이다.

모든 아이에게는 혼자 성장할 수 있는 시간과 공간이 필요하다. 그런데 엄마들은 다 자란 자녀를 여전히 아이 취급하면서 끝까지 옆에 있으려고 집착한다. 심한 엄마들은 거의 분리 불안을 겪는 수준이다. 사소한 것까지 아이와 공유하려고 하고 늘 같이 붙어 있으려고 한다. 이런 엄마들은 아이를 대하는 기본 마인드가 '통제'다. 아이가 어딜, 왜 가는지 꼬치꼬치 물어야 되고 친구 누굴 만나는지 낱낱이 알아야 되고 되도록 같이 가야 한다. 아이들의 시간과 공간을 24시간 통제하려고 드니 아이들 입장에서는 답답해 미칠 노릇이다.

모든 인간관계에서 제일 중요한 건 '거리'다. 그건 부모 자식 관계도 마찬가지다. 나이에 따라서 '적당한 거리'는 계속 달라지지만, 분명한 건 서로의 반경과 공간을 침해하면 그 어떤 생명도 제대로 자랄 수 없다는 것이다. 둘 중 하나는 정신적으로 독립을 못 해서 병들기 쉽다. 혹은 둘 다 못 크고 어린아이에 머물 수 있다. 대학생이 돼서도 수강 신청해달라며 엄마를 부르는 딸이나, 부르면 달려가는 엄마. 회사에 가야 하는데 몸이 아프다며 부장님한테 대신 전화해달라는 아들이나, 그걸 또 하고 있는 엄마들이 그렇다. 그러나 한 인간이 분리돼서 독립된 생명체로 스스로의 인생을 살아나가지 못하면, 결국 자식 농사는 망한 거나 다름없다.

성장하는 아이들은 매일 겪는 문제가 다 새롭다. 처음 만나는 새로운 고민, 꿈, 욕망을 처리하느라 무지 바쁘다. 매일같이 할 일은 너무 많은데 문 앞에서 서성이는 엄마까지 신경 쓰는 건 아이에게 너무 고달프고 버거운 일이다.

 자녀가 크면서 내 시간, 내 공간, 내 생각을 갖고 싶어 하는 건 잘 크고 있다는 신호다. 그러니 불안해하거나 서운해 말자. 내가 손을 대면 더 잘될 거라는 망상도 말자. 모든 아이는 커가면서 혼자 넘어지고 혼자 일어서고 또 혼자서 스스로 해내야만 하는 과정을 거치게 돼 있다. 우리는 그저 우리 자리를 잘 지키고 있으면 된다. 그리고 믿어주면 된다. 아이들은 엄마가 보지 않는 그 장소, 그 시간에 혼자 무럭무럭 성장하고 있다는 것을.

정상입니다

"초등학교 3학년이 되더니 엄마에게 말대답을 꼬박꼬박 해요."
정상입니다. '엄마, 시키는 대로 다 할게요.' 뭔가 이상하죠?

"초등학교 6학년이 되더니 자꾸만 문을 닫고 혼자 있으려고 해요."
정상입니다. '엄마, 무서워. 문 열어놔.' 이게 비정상이죠?

"친구들이랑 카톡은 밤새 하면서 내가 카톡을 하면 대답을 안 해요."
정상입니다. '엄마, 나는 친구들보다 엄마랑 카톡 하는 게 제일 좋아.' 이러면 병원 가야 해요.

어쩌면 우리는 정상인 아이들을 자꾸만 비정상으로 키우려 하는지도 모릅니다.

Part 3

엄마의 인생 해석법이
아이를 키운다

아이들의
아껴둔 운을
믿어보자

아이들 키우다 보면 나도 모르게 비교할 때가 참 많다. 어린 아들을 둔 우리 직원도 걱정이 태산이다. 돌 지난 애가 못 걷는다고. 11개월 된 애들도 다 걷는다는데 우리 애가 무슨 문제 있는 거 아니냐고.

그래서 내가 "별걱정을 다 한다. 조금만 지나면 뛰어다닐 테니 걱정하지 마!" 그랬더니 한 달 후에 우리 직원이 하는 소리가 진짜 한 달 지나니까 너무 잘 걷는단다. 오히려 하도 뛰어다니면서 사고를 치는 바람에 그게 또 걱정이라나.

첫애라 유난 떤다 싶다가도 부모 마음이라는 게 어쩔 수 없나 보다 싶다. 한 달만 평균에서 뒤처져도 '우리 애가 바보가 아닌가'라는 생각을 저절로 하게 되니 말이다. 말이 몇 달 느려도 은근히 애를 태우고, 학교 가서 공부가 처질까 걱정이 이만저만이 아니다.

그럴 때 옆집 애들을 보면 정말 속이 터진다. 주위에 보면 우리 애랑은 너무 다르게 어렸을 때부터 뛰어난 애들이 꼭 있다. 학교에서 상도 많이 받고 공부 잘하고 반에서 회장을 도맡아 하는 애들을 보면 우리 애만 왜 저런가 싶고, 나중에 뭐가 될까 싶어 한숨만 나온다. 나 역시 초보 엄마 때 그런 생각을 참 많이 했던 것 같다. 그런데 살다 보니 잘나가는 옆집 아이를 부러워할 필요가 별로 없다는 걸 알게 됐다. 이유는 간단하다. 이상하게 어렸을 때 학교에서 잘나가던 아이일수록 나이 들어서도 잘되는 경우가 별로 없더라.

나도 어렸을 때 같은 학교에 공부 잘하고 뭐든지 뛰어나게 잘해서 상을 발로 긁어 오는 친구가 있었다. 그때는 다들 그 친구가 정말 크게 될 줄 알았다. 그런데 나중에 보니까 의외로 조용하고 평범하게 살고 있었다. 반면에 어렸을 때 반장, 회장 한 번도 못 하고 공부도 그저 그랬던 친구가 지금은 고향인 증평에서 제일가는 부자로 산다. 주변에 그런 동창들이 한두 명이 아니다.

내가 오십 넘게 살면서 가만히 보니 이게 어떤 법칙 같다는 생각마저 들었다. 이름하여 운수 총량의 법칙. 사람이 평생 쓰는 운(運)의 양도 어느 정도 정해져 있을 텐데 어렸을 때 상을 너무 타면 미래에 가져가야 할 운까지 다 써버리는 건 아닐까? 어렸을 때 좋은 운을 너무 끌어다 쓰고 부모를 기쁘게 하면 정작 나이 들어서 자기를 기쁘게 하지 못할 수 있겠구나. 그래서 어렸을 때 속 썩인 자식들이 나중에 나이 들어 부모를 기쁘게 하고 잘되는 건 아닐까?

실제로 인생의 굴곡이 없는 사람, 실패를 제대로 경험해본 적이 없어서 스스로의 깊은 내면까지는 내려가보지 못한 사람은 어느 한계를 넘어 높이 올라가기가 힘들다. 결핍이 부족한 만큼 반드시 해내겠다는 강인한 투지나 목적의식이 상대적으로 약할 수 있기 때문이다. 그런데 어렸을 때부터 끊임없이 실패를 경험하면서 내 장점과 강점을 일찌감치 파악한 사람들은 자신 안 깊은 곳까지 뚜벅뚜벅 내려가봤기 때문에 어느 순간에는 생각지도 못한 높이로 뛰어오르는 강인한 에너지가 있다.

그래서 지금 우리 애가 평균 이하인 것 같아서 속상한 엄마, 속 썩이는 아이들 때문에 힘든 부모가 있다면 이런 얘기를 해주고 싶다. 아이가 나중에 잘되려고 자기 운을 아끼고 있다고 믿어보라고. 지금 늦자란 만큼 나중에 훨씬 더 단단하고 깊은 뿌리를 갖게 될 거라고. 어쩌면 지금 가장 중요한 것은 나중에 아껴둔 운을 쓸 기회가 왔을 때 그 운을 담을 수 있는 아이의 그릇을 단단하게 키우는 것이다. 그런데 많은 엄마들이 실수로 아이의 그릇을 깨버린다. '이따위로 해서 앞으로 뭐가 될래!' 식의 자존감 해치는 말들을 참 많이 한다.

그런데 내가 살아보니 각자 가진 운의 색깔과 시기가 참 많이 다르다. 지금 꽃피지 못한다면 다른 시기에 꼭 꽃을 피우게 돼 있다. 그러니 아이들에게 불필요한 스트레스를 주지 말고 조금만 더 기다려주자. 아이가 자기 안으로 깊이 내려가는 걸 방해하면 결코 높이 올라갈 수 없다. 아껴둔 운을 엄마가 가장 믿어줘야 아이들은 자기 운을 끝까지 다 쓸 수 있다.

자신감이
없다는
아이에게

아이들을 키우다 보면 수없이 마주쳐야 되는 순간이 있다. 자녀가 뭔가에 새롭게 도전하는 시간. 그때마다 아이들이 늘 묻는 말이 있다.

"엄마, 나 자신이 없어. 어떡하지?"

아들 녀석이 전화로 고민 상담을 청했다. 다니는 학교에 재즈 오케스트라가 있는데 피아노 주자를 했던 4학년 선배가 2학년인 자신에게 그 자리를 물려주겠다고 제안해 왔다는 것이다.

"엄마, 너무 좋은 기회이긴 한데 솔직히 떨리고 무서워. 내가 정말 잘할 수 있을까? 나 때문에 연주 망치면 어떡해? 그냥 안 한다고 할까?"

"당연히 처음부터 잘하기는 힘들지. 안 해봤는데 잘할 리가 있니? 그러니까 잘하려고 하지 말고, 그냥 프로 흉내만 내봐. 흉내를 천 번

내다보면 저절로 비슷해져. 엄마도 처음에는 잘하는 강사 흉내만 냈어. 그렇게 열심히 흉내 내다가 진짜 강사가 된 거야. 그러니까 처음부터 완벽하게 하려고 하지 말고 할 수 있는 만큼 열심히 흉내만 내.”

"정말 흉내만 내도 될까?”

"그럼, 원래 자신감이라는 건 준비된 실력 50프로, 실전에서 채워지는 것 50프로야. 그래서 흉내라도 내보지 않으면 나머지 절반은 절대 채워지지 않거든. 그러니까 일단 부족해도 그냥 50프로만 가지고 시작해봐. 엄마도 열심히 응원할게.”

그랬더니 아들은 한결 편해진 목소리로 그렇게 해보겠다며 전화를 끊었다.

모든 자녀는 도전과 성장을 하는 과정에서 초라한 시작을 경험한다. 10프로도 안 되는 자신감으로 100프로의 프로들과 만나고 견디며 자신을 키워가야 한다. 쉬운 일이 아니다. 그러기에 쉽게 자신감을 잃고, 좌절하고, 포기한다. 세 아이들이 성장하면서 나에게 가장 많이 했던 질문도 바로 이 자신감에 대한 부분이었다.

"엄마, 나 대회에 나가고 싶은데 자신이 없어.”

"세상에 나가면 정말 잘난 사람들이 많을 거 아냐? 내가 과연 그런 사람들과 경쟁하면서 돈을 벌고 살 수 있을까? 아무리 해도 못 따라잡는 건 아닐까?”

"우리 반에 영어 진짜 잘하는 애가 있어. 미국에서 살다 왔대. 난 죽어도 그렇게 영어 못 할 거야.”

사실 이런 질문을 하는 것은 너무나 잘 크고 있다는 신호다. 자신의 현재를 살피고 미래를 걱정한다는 것은 스스로를 사랑하고 있다는 뜻이다. 다만 이런 걱정으로 인해 도전조차 하지 못하면 언제나 그 자신감은 10프로에서 멈춰 있게 된다. 아직은 인생 초보인 아이들에게 세상과 거래하는 가장 중요한 법칙, 자신감에 대해 제대로 알려주는 것은 인생 선배로서의 의무이자 숙제다.

•

흉내만 내도 괜찮아

자신감이라는 건 도대체 뭘까. 평생을 끊임없이 일을 벌려본 내 경험으로 보자면, 자신감은 전적으로 '몸의 언어'다. '해보겠다'고 마음먹는 순간, 내 육체가 막 움직여서 뭔가를 해내는 것. 그걸 보고 내 마음이 '나는 역시 믿을 만해'라고 속삭이는 것. 이렇게 몸과 마음이 신뢰를 구축해야만 생기는 게 자신감이다. 결국 자신감이라는 건 정서적인 언어가 아니라 완전한 육체 언어인 것이다. '나는 할 수 있다'를 100번 외친다고 없던 자신감이 결코 생기는 게 아니다. 그래서 나는 아이들에게 10프로의 자신감만 있어도 한번 해보라고 격려해준다. 물론 이때 가장 필요한 것은 아이의 실패에 '좋은 경험했다, 이만하면 대성공이다'라고 말해주는 의연함과 비록 실패했더라도 아이의 자신감이 1프로 정도 성장한 것을 알아봐주고 함께 기뻐해주는 성숙함이다.

 이것이 누적되면 아이들의 자신감 근력은 점점 강해진다. 요즘 아이들에게 자신감 연습이 꼭 필요한 이유는 아이들이 몸을 쓰는 것보다 머리를 쓰는 데 더 익숙한 세상에서 살고 있기 때문이다. 우리 세대만 해도 '그냥 부딪쳐서 하면 돼'가 통했다. 노는 것도 사방치기, 구슬치기 등 몸을 쓰면서 해왔고 정보를 얻으려면 도서관에서 책을 뒤지거나 누군가를 찾아서 물어봐야 했다. 별다른 도구나 사전 정보 없이 몸 하나만 가지고 뭔가를 시작하는 일에 우리는 익숙했다. 그런데 우리 애들은 친구들과 피시방에서 게임을 하고, 모든 정보를 스마트폰 하나로 얻는다.

그렇게 머리만 똑똑한 애들에게 '그냥 해봐'라고 하면 절대로 못한다. 하는 방법이야 검색해서 다 아는데 실제로 하진 못한다. 누굴 직접 만나고, 어디에 직접 가고, 뭔가를 직접 신청한다는 것 자체가 생소하고 겁이 난다. 게다가 우등생 증후군이 있는 아이들은 미리 계산을 해봐서 100퍼센트 자신감이 없으면 떨어질까 봐 도전하지 않는다. 도전하기도 전에 떨어지는 것을 두려워한다. 몸으로 싸우지 않고 머리로만 싸워본 아이들에게 이런 현상은 당연하다. 완벽하게 준비될 때 도전하겠다며 도전을 늘 뒤로 미룬다. 그러나 우리 모두 살아봐서 알지만 100퍼센트 준비될 때는 오지 않는다.

아직 준비가 미숙한 그때 시작해야 한다. 자신감은 어느 날 갑자기 완성되는 것이 아니라 씨앗으로 시작해 무성한 나무로 성장하기 때문이다. 나보다 잘난 사람을 목격하기 위해서 내 초라한 몸을 이끌고 그곳에 가고, 프로와 나와의 좁힐 수 없을 것만 같은 간극을 느끼며 눈물 나는 훈련도 하고. 이렇게 몸으로 1센티 전진해야만 자신감도 딱 1센티만큼 큰다.

자신감 초보인 아이에게 '그냥 해', '너는 할 수 있어'라고만 말해서는 안 된다. 일단 걷는 방법을 알려줘야 한다. 그래서 내가 아들에게 '일단 흉내만 내라'고 했던 것이다. 성공을 100으로 봤을 때 10도 좋고 20도 좋으니 해봐라, 그럼 자신감도 그만큼 채워져서 올 거라고 말해줬다. 물론 자신감만 채워져서 오진 않는다. 나보다 잘난 사람을 무수히 보게 되면 좌절도 그 안에 섞여서 온다.

그때가 바로 엄마의 역할이 필요한 순간이다. 네가 좌절이라고 생각하는 그 시도를 통해 자신감이라는 씨앗을 품고 왔다는 것을 알려줘야 한다. 별거 아닌 경험 같지만 이미 자신감은 1프로라도 전진했을 거라고 말해줘야 한다. 불확실한 미래와 자신의 현재 역량에 대해 불안해하는 아이들에게 엄마의 말 한마디는 가장 확실한 응원이 되니까.

그렇다면 어떻게 아이들에게 자신감 연습을 시킬 수 있을까? 결국은 몸이 똑똑해지는 연습을 해야만 한다. 사실 몸이 똑똑하지 않아도 스무 살까지는 버틸 수 있다. 집과 학교, 학원만 왔다 갔다 하면 되고 엄마가 웬만한 건 다 해주니까. 하지만 스무 살 이후부터 움직이는 반경이 커질수록 몸이 정말 똑똑해져야 한다.

모든 인간은 자연으로부터 두 가지 기초 자산을 받고 태어난다. 몸과 시간. 이 두 가지 가장 심플한 것과 승부를 낼 수 있다면 인생에 그 어떤 복잡한 게 들어와도 이겨낼 수 있다. 그러나 편리함을 추구하는 사회에서 우리는 몸 쓰는 일을 최대한 피하려 하고 거기에 돈을 아끼지 않는다.

그러나 꿈은 철저히 몸과 시간, 둘 다를 다룰 줄 모르면 이길 수 없는 게임이다. 아무리 돈이 많아도 남의 육체에 깨알같이 저장된 실력과 경험까지 살 수는 없다. 부모가 아이에게 줘야 할 것도 시간과 몸을 최대한 덜 쓰게 하는 족집게 과외가 아니다. 가장 정직한 두 가지 재료, 몸과 시간만으로 뭔가 이룰 수 있는 기회를 주는 것이다.

초라하지만 뭔가 시작하기에 가장 적당한 '지금'에 용기를 주고 약간의 좌절을 포함한 빈약한 결과를 높이 평가해주자. 10프로였던 아이들의 자신감은 조금씩 커나갈 것이고, 언젠가 충만한 자신감이 아이의 몸속에 굳건히 자리 잡게 될 것이다. 자신감에 넘치는 내 아이, 생각만 해도 얼마나 든든하고 흐뭇한가? 그 시작에는 언제나 엄마의 따뜻한 응원이 있다.

아이가
자신의 실패와
마주하는 법

"아… 영어 수행평가 정말 안 했으면 좋겠다. 분명히 이번에도 성적 잘 안 나올 것 같은데. 이렇게 실패할 일은 처음부터 안 하면 안 돼? 난 영어 트라우마 있다고."

"웬 트라우마? 엄마는 네가 그 말을 안 썼으면 좋겠어."

"왜?"

"실패를 무서워하게 만드는 말이니까. 엄마는 실패를 어떻게 보는지 알아? 10에서 2 모자란 성공. 실패했다는 건 8까지는 노력해서 왔다는 거야. 그러니까 거기까지 온 너 자신이 얼마나 대견하니. 그리고 그 8은 어디 없어지는 게 아냐. 네 몸에 그대로 저장돼 있어. 그러다 보면 2를 채울 수 있는 기회가 꼭 온다. 그럴 때 네 몸에 쌓여 있던 8이랑 딱 붙어서 멋지게 성공해야지. 그런데 네 몸에 8이 없으면 어떻게 될까?"

"기회가 와도 아무것도 못 하겠네?"

"그렇지! 역시 우리 딸 똑똑하네. 그래서 평소에 작은 실패를 여러 번 해서 네 몸에 저장해두는 게 중요해. 그러니까 실패는 절대 무서운 게 아니고 큰일 나는 것도 아냐. 너를 더 똑똑하고 강하게 만들어주는 것이지."

"아, 그렇구나… 엄마, 나 무슨 말인지 알겠어!"

며칠 전, 중1짜리 막내와 실패에 관한 대토론을 벌였다. 놀랍게도 아이는 내가 무슨 말을 하는지 정확히 알아듣고 있었다. 나름 14년간 크고 작은 실패를 여러 번 해봐서 몸으로 이해했던 것이다. 세상의 모든 도전은 늘 반절의 성공과 반절의 실패의 가능성을 갖고 있다. 그러므로 우리 아이의 도전은 실패로 끝날 가능성이 50퍼센트 이상이다. 그런데 사회는 성공한 사람에게만 관심을 보일 뿐, 실패한 사람을 아무도 보듬어주지 않는다. 따뜻하게 위로받을 곳도, 배울 점을 친절히 알려주는 사람도, 어떻게 해석해야 할지도 가르쳐주지 않는다. 그걸 해줄 수 있는 사람은 세상에 오직 부모뿐이다.

그래서 엄마는 '실패 전문가'가 돼야 한다. 지금 하는 이 실패가 아이 인생에 뭐가 될지, 왜 쉽게 좌절하면 안 되는지를 엄마가 꿰뚫고 있어야 한다. 그러려면 엄마 스스로 도전도 많이 해보고 실패도 해보면서 실패에 대한 나름의 해석법을 가져야 한다. 성공은 따로 해석할 필요가 없다. 그저 즐기면 되니까. 그러나 어쩌면 아이들 인생의 절반을 차지하게 될 사건, 실패에 대해서만은 정말 유능해져야 한다.

그런데 많은 엄마들이 실패에 대해 무지하다. 그런 엄마들은 아이에게 실패가 무서운 것이라고 가르친다. 심지어 아이 대신 자신의 몸을 던져 실패를 막기도 한다. 아이가 무슨 대회라도 나가게 되면 인터넷 카페에 들어가서 정보를 모으고, 과외를 붙이고, 아이와 함께 뛰어다니면서 실패를 필사적으로 막는다. 그렇게 실패를 교묘하게 피해 다니는 것을 과연 제대로 된 성공이라고 말할 수 있을까? 가만히 두면 오히려 자연스럽게 작은 실패를 경험하고, 면역력도 생기고, 그것을 넘어서는 방법도 스스로 터득하면서 자부심 있는 역사를 만들어갈 수 있지 않을까?

실패를 피해 다닌 것과 성공한 것은 몸에 저장된 에너지 자체가 다르다. 그러나 심약한 엄마는 아예 실패할 것 같으면 도전도 못 하게 막는다. 스스로 뭔가를 해내는 첫발도 내딛지 못하는 나약한 아이로 만들어버리는 것이다. 그러면서 이렇게 말한다.

"우리 애가 실패해서 상처 받으면 어떻게 해요?"

스스로 도전해서 받은 작은 실패, 작은 상처는 양질의 상처다. 아물면서 실패에 대한 해석력도 생기고 면역력도 높아진다. 예방주사를 맞아야 큰 병을 미리 막을 수 있는 것처럼 작은 실패를 해보지 않으면 나중에 진짜 큰 상처를 받을 수 있다.

아이의 슬럼프에 대한 올바른 해석법

아이가 실패의 늪에 빠지는 '슬럼프'도 엄마의 해석법이 너무 중요하다. 아이들은 매일 성적으로 줄 서고, 다른 친구들과 경쟁을 해야 하는 집합 교육의 현장에 있다. 당연히 슬럼프에 자주 빠질 수밖에 없다. 이런 슬럼프를 겪을 때 아이들은 자기 무능함과 격하게 싸운다. 왜 이렇게 못하지? 난 재능이 없는 걸까? 수없이 좌절하고 포기하고 싶은 순간들을 만난다.

피아노를 치는 둘째 녀석도 몇 년 전 슬럼프를 진하게 겪었다. 매일같이 연습을 하는데 똑같은 구간에서 계속 틀리더니 하루는 정말 피아노를 때려 부수는 소리가 났다. 옆에 있던 남편이 '저놈의 자식이 왜 저러냐'며 한 소리 하려는 걸 옆에서 말렸다. 오히려 나는 그 순간 너무 기뻐서 박수를 치고 싶었다. 나도 피아노를 쳐봐서 알지만 악기를 때려 부술 정도면 그럴 만한 자격이 있다는 뜻이다.

될 것 같은데 손은 안 돌아가고 자꾸 다른 음을 누르면 정말 화가 난다. 화도 자격이 있는 사람이 낼 수 있다. 겨우 한두 시간 만에는 화를 낼 수 없다. 그 정도 연습해서 안 될 거라는 것을 본인도 알기 때문이다. 그러나 죽어라 열흘을 연습했는데도 안되면 화가 날 수밖에. 거의 다 온 것 같은데 자꾸만 넘어지니까 스스로 참아낼 수가 없는 것이다. 이런 슬럼프는 모든 배움의 현장에 있는 누구에게나 온다.

나 역시 도전의 순간마다 수도 없이 슬럼프를 겪어봤다. 그래서 슬럼프는 성공하는 데 있어 매우 익숙한 과정이란 걸 너무나 잘 알고 있다. 슬럼프가 왔다는 것은 그만큼 해냈다는 증거고, 화가 난다는 것은 그럴 만한 자격이 있다는 아주 좋은 현상이다. 동시에 완성이 눈앞에 있다는 신호다. 그런 이유로 아들의 슬럼프를 기특하게 여겼던 것이다.

역시나 이틀 후, 이 녀석이 피아노를 치다가 갑자기 환호성을 질렀다. 계속 틀리던 그 부분을 멋지게 연주해낸 것이다.

"엄마, 이틀 전만 해도 진짜 안 됐는데 신기하게 지금은 되네?"

"당연하지. 엄마도 해보니까 뭔가 너무 힘들어서 포기하고 싶을 때가 실력이 제일 늘 때더라고. 내 안에 실력은 많이 쌓였는데 겉으로 완벽하게 드러나지 않으니까 슬럼프가 오는 거지. 앞으로도 너는 이번 같은 슬럼프를 많이 겪을 거야. 아무리 해도 안 될 때가 또 오겠지. 그때는 오늘처럼 '조금만 더 하면 되겠구나, 이틀 후에 되려고 지금 틀리는 것이구나' 하고 생각해봐."

"응. 알았어."

"슬럼프는 네가 노력한 만큼 온 거니까 자랑스러워해야 돼. 슬럼프를 아예 못 만나고 지나가는 사람도 많아. 그러니까 슬럼프 올 때마다 너무 몰아붙이지 말고 너 스스로를 조금 봐줘."

내가 아이 옆에 없을 때, 혼자서 외롭게 자신의 실력을 키워가야 할 때, 둘째가 꼭 기억해주길 바라면서 했던 말들이다. 앞으로도 도전의 순간마다 자신의 무능함과 싸워야 할 아이들에게 슬럼프에 대한 올바른 해석은 정말로 약이 된다.

엄마가 먼저 도전해보고 실패해봐야 안다

세상에 한 생명이 태어나 인생을 알아나가는 데 걸리는 시간이 90년이라면 우리는 겨우 3분의 1이나 왔을 법한 지점에서 애를 낳는다. 그러니 어설프고 아이들의 실패나 슬럼프에 당황하는 게 당연하다. 꿈과 좌절, 갈등과 용기 등 100가지도 넘는 감정을 겪어내면서 스펙터클하게 성장하는 한 사람을 길러내는 게 어디 보통 일인가. 깊게 생각하지 않으면 절대 제대로 키울 수가 없다.

우리같이 다 큰 엄마들도 고민이 생기면 5만 원을 들고 용한 사람들에게 가서 물어본다. 이번에 남편 사업이 실패했는데 어떻게 해야 할까요? 나 어떻게 살아야 해요? 아이들도 똑같은 걸 묻는다. 이번에 대학 떨어지면 나 어떻게 해? 난 뭘 하고 살아야 해요? 질문이 작을 뿐 본질적으로는 같은 질문이다. 그런데 자기 실패도 무서워하는 엄마가 아이의 실패를 다룰 수 있을까. 내 삶에 대한 해석법이 없는 엄마가 아이의 인생 해석법을 제시해줄 수 있을까.

나 역시도 아이들이 뭔가 심각한 질문을 하면 쉽게 대답할 수 없는 때가 있다. 그럴 때는 일단 시간을 벌기 위해 화장실로 간다. 거기서 심호흡을 하면서 생각을 가다듬는다. 어떻게 말해줘야 아이들에게 용기를 줄 수 있을지, 어떻게 해석해줘야 희망을 줄 수 있을까를 깊이 고민한다. 생각나는 대로 대충 말하고 오히려 엄마가 더 걱정하는 모습을 보이면 아이는 길을 잃고 포기하게 된다. 그래서 더 현명한 대답을 하기 위해 고민하고 공부하고 연구한다. 내 아이를 위한 가장 좋은 해석은 그 아이를 낳고 기른 엄마가 그 누구보다 가장 잘할 수 있기 때문이다. 그러려면 공부도 하고 연구도 해야 한다.

무엇보다 엄마가 먼저 몸을 써서 움직여봐야 한다. 엄마가 먼저 도전하고 실패해봐야, 먼저 살아본 사람으로서 가장 현명한 답을 줄 수 있다. 인터넷 카페에 물어봐서 얻은 답이 아닌, 오직 사랑하는 누군가의 엄마로서 해줄 수 있는 답을 해줘야 한다. 엄마란 30년 먼저 태어나서 30년 먼저 실패하고, 그 경험을 통해 아이에게 용기와 위로를 줄 수 있는 사람이니까.

> 힘들지? 엄마도 그랬어

아이가 셋이니 바람 잘 날이 없습니다.
각자의 꿈과 도전, 실패를 지켜보게 되네요.
그때마다 자주 하게 되는 말이 있습니다.

"나 시험 떨어졌어."
"그래, 엄마도 많이 떨어져봤어."

"나 남자한테 차였어."
"엄마도 그랬어. 근데 딴 남자 금방 와. 걱정 마."

"알바하고 죽을 고생했는데 돈 진짜 쬐끔 받았어."
"엄마도 그랬어. 몸은 고되고 돈은 안 되고.
근데 그게 바뀌는 날이 언젠간 와."

"나 요즘 슬럼프야. 아무것도 하기 싫어."
"힘들지? 엄마도 그래. 힘들면 그냥 시간만 보내도
상황이 바뀔 거야. 기다려봐."

30년 먼저 살아낸 엄마는 아이들에게 무엇일까요?
인생을 앞서 겪고, 미리 고생한 사람이죠.
그래서 믿고 얘기할 수 있는 공감의 대상.
애들이 하는 실수, 실패…
우리가 안 해본 게 없죠.

잘나서 엄마가 아니라 미리 다 해봐서 엄마입니다.
엄마는 미리 해본 실패로 현재 아이의 실패를 보듬어주고,
공감할 줄 아는 위대한 사람입니다.

밀어주지 말고 안아줘라

우리 집 막내는 조금 이상하다. 첫째, 둘째는 머리 쓰고 공부하는 걸 태생적으로 싫어했는데, 얘는 다르다. 한번 앉으면 세 시간씩 앉아 공부한다. 얼마 전에는 시험 기간인데 아이가 새벽 1시까지 공부를 하고 있었다.

"지금이 몇 시인데 아직도 안 자. 그만하고 자."

그러자 막내가 갑자기 정색을 하면서 말했다.

"엄마, 내가 머리가 나쁘거든?"

"왜 네가 머리가 나빠?"

"엄마, 학교 다닐 때 진짜 공부 잘하는 애 없었어?"

"있었지. 발로 긁어도 100점 맞는 애. 걔는 진짜 공부를 잘해서 학력고사 하나 틀리더라. 인간 같지가 않았지."

"그런 애를 볼 때 어떤 마음이 들었어?"

"쟤는 죽어도 못 따라잡겠구나 싶었지."

그러자 아이가 슬픈 눈으로 말했다.

"나도 똑같아. 학교에 나보다 머리 좋은 애들이 얼마나 많은지 알아? 나는 죽어라 해야 90점 맞는데 걔들은 늘 100점 맞아. 그래서 이렇게라도 안 하면 더 떨어진단 말이야."

그 얘기를 듣는데 너무 미안했다. 내 자식 속도 모르고 속 편한 소리만 했으니까. 나는 엄마로서 아직도 멀었다. 30년 전에 나도 겪었던 일인데 왜 벌써 잊어버렸을까.

사실 아이들에게 학교생활은 그 자체가 어마어마한 고생이다. 공부를 잘하는 애건 못하는 애건 다들 고생스럽게 산다. 1등 하는 애는 그 자리를 지키느라 고생이고, 못하는 애는 해도 안돼서 고생이다. 아이들은 치열한 경쟁 속에서 누가 우리 반에서 1등이고 30등인지 말 안 해도 매시 매초 느낀다. 앞에서는 쿨한 척 웃어도 마음속으로는 늘 아프다. 이렇게 학교에서 깨지고 터덜터덜 돌아오면 엄마가 '공부 언제할 거냐'는 눈으로 째려보고 있다. 집에서마저 감시당하느라 잔소리 듣느라 또 마음고생 시작이다.

나도 그랬지만 엄마들의 가장 큰 문제는 애들이 고생한다는 생각을 안 한다는 거다. 애들이 학교에서 얼마나 힘든지 공감을 못 한다. 그 정도 스트레스는 당연한 거라고 넘겨버린다. 그러나 예전의 고생스럽던 그 시절을 다시 떠올려보자. 성적 때문에 늘 피 말리고, 자존심 상하고, 때로는 미칠 것 같았던 그 시절. 다시 그때로 돌아가 경쟁

하라면 과연 나는 견딜 수 있을까.

　엄마가 성적과 등수에만 안달하면 애들이 고생하는 게 안 보인다. 그리고 애들을 안아줄 시점을 놓쳐버린다. '밀어준다'며 아이들 등을 떠미는 게 사실은 벼랑 끝일 수도 있다.

　며칠 전, 드디어 막내가 여름방학을 맞았다. 얼마나 신이 났는지 이런 카톡이 왔다.

　'끼야호! 방학이다!!!!!!!!'

　아이에게 선물 같은 방학을 축하하고 싶어 나도 카드를 썼다. 예쁜 꽃다발과 함께.

　'한 학기 동안 공부하느라, 새 친구 사귀느라 고생 완전 많았어. 시험 기간엔 정말 애썼고~~ 이제 신나게 멋 부리고 놀아.'

　졸업식도 입학식도 아닌 방학식 날 처음으로 꽃을 받은 아이는 방방 뛰며 기뻐했다. 엄마가 나처럼 기뻐하는구나. 고생했다고 인정해주는구나. 고생하는 걸 알아주는 게 최고의 포옹이고, 아이들에게 방학 때 최고의 선물은 자유다. 자유를 선물 받은 아이는 신나게 방학 계획을 짜기 시작했다. 어떻게 하면 재밌게 놀 수 있을까 열심히 연구하더니 주말이 되자마자 친구들과 박람회에 간다며 새벽부터 나갔다.

　아이들은 속박하지 않으면 자율성이 살아난다. 많은 엄마들이 아이는 속박하면 할수록 잘 큰다고 착각한다. 스스로 아이들이 자가 호흡을 할 수 있는 시간을 안 주고 호흡기를 갖다 댄다. 그러나 그렇게 할수록 아이들은 자기 힘으로 한 발짝도 옮길 수 없다. 모든 아이가 갖고 태어난 자율성이 제대로 발휘될 수 없다.

　밀어주는 건 인공법칙이고 공감하고 안아주는 건 자연법칙이다. 자연법칙이 충분히 채워져야 인공법칙이 먹히지 인공법칙만으로는 결코 아이들을 스스로 뛰게 만들 수 없다. 아이들은 밀어줘야 뛰는 게 아니라 안아줘야 뛴다. 방학 때 아이들에게 줘야 할 건 다음 학기 문제집이 아니라 꽃다발이다. 이날만큼은 고생했다고 뜨겁게 안아주자.

협상이 가능해야
도전도
가능하다

"엄마, 나 영어 학원 가기 싫어. 정말 죽기보다 싫어."
"그래? 뭐가 그렇게 힘든데?"
"그냥 싫어. 힘들다고."

막내가 초등학교 4학년 여름방학 무렵, 갑자기 학원을 그만두겠다고 선언했다. 영어 성적이 떨어지자 먼저 보내달라고 할 때는 언제고, 지금은 죽기보다 싫단다. 옆에 있던 남편이 "그래도…"라고 한마디 하려는 걸 눈짓을 줘서 말렸다. 아이가 가기 싫다고 한 게 이번이 처음이 아닌 데다 왜 그러는지 충분히 짐작됐기 때문이다.

"그래 괜찮아. 그렇게 싫으면 안 다녀도 돼."

그러자 곧 죽을 것만 같던 아이가 세상 모든 시름을 내려놓은 듯 활짝 웃었다. 그 모습을 보니 꼭 어릴 때 나를 보는 것만 같다. 나도 중학교 2학년 때 잠깐 증평에서 수학 학원을 다닌 적이 있었다. 청주 대학교 다니는 잘생긴 선생님이 차린 조그만 학원이었는데, 몇 달 만에 그만뒀다. 그때 나도 아버지한테 비슷한 얘기를 했던 것 같다.

"죽어도 다니기 싫어!"

그 말인즉슨 '죽어라 해도 잘 안돼'라는 말이다. 나는 미지수 X가 등식의 좌우로 이동하는 것조차 무서웠다. 아무리 열심히 공부해도 따라갈 수가 없었다. 학원에서 두 시간 내내 내가 얼마나 바보인가를 확인하는데 정말 눈물 날 만큼 자존심이 상했다. 그때 아버지는 고맙게도 그런 나를 이해해줬다. '죽도록 공부해'라는 말 대신, "그러렴" 하고 깔끔하게 포기하도록 허락해줬다. 덕분에 나는 다시 살아났고 다른 과목에 재미를 붙였다. 나는 지금도 어렸을 때 수학을 피한(?) 덕분에 이렇게 잘 산다고 믿고 있다.

만약 그때 아버지가 나를 무섭게 몰아붙였다면 나는 진심으로 죽고 싶었을 것이다. 수학이라는 과목에서 내 자존감은 거의 땅 밑에 있었기 때문이다. 잘하는데 하기 싫다는 아이는 별로 없다. 죽도록 하기 싫다는 것은 더 이상 학원에서 상처 받기 싫다는 얘기다. 따라서 아이가 절박하게 말하면 부모는 진심으로 들어야 한다. 그런데 많은 부모들이 아이들의 얘기를 가볍게 흘려듣는다. 단순히 떼를 쓴다고 생각하거나 노력하기 싫어서 약은 수를 쓴다고 생각한다. 그렇게 아이를 치졸하게 취급하면 협상 불가다. 결국엔 아이는 거짓말을 해서라도 학원을 안 다니고 만다.

아이들을 학원에 보낼 때 내가 중요하게 생각했던 것도 그 점이다.

어떨 때는 아이가 먼저 가고 싶다고 해서 시작한 학원도 있고, 내가 제안해서 다닌 학원도 있다. 누가 먼저 얘기했는지는 사실 별로 중요하지 않다. 중요한 것은 강요가 아닌 합의다. 시작할 때도 합의로 시작하고, 그만둘 때도 아이에게 선택권을 주었다. 너무 싫은 것, 너무 못해서 상처를 입을 것 같은 학원은 그만둘 수 있는 자유를 주는 것이다. 물론 많은 엄마들이 이 대목에서 아마 이런 걱정을 할 것이다.

"그렇게 만날 찔끔찔끔하면 어떻게 해요? 애가 끈기도 배워야죠."

그러나 우리 솔직히 한번 따져보자. 엄마들조차 끈기에 대해 자신 있는 사람이 있을까? 다이어트 끝까지 끈기 있게 해봤나? 운동하겠다고 수영장 등록하고 끝까지 다녀본 적 있나? 영어 학원 등록하고 흐지부지된 적이 한 번도 없었을까? 이렇게 말하는 나 역시 평생을 들락날락하면서 살아왔다. 마흔 먹은 엄마들도 '꾸준히'가 세상에서 제일 힘든데, 왜 열 살 아이가 끈기 있기를 바랄까. 나한테도 쉽지 않은 일을 애한테 강요하는 것이다. 아무리 하고 싶은 것도 중간에 하기 싫어지는 게 원래 정상이고 자연스러운 거다. 우리 막내는 하다가 그만둔 게 한두 개가 아니다.

"피아노는 이만하면 된 것 같아. 음악 할 것도 아닌데 악보만 볼 줄 알면 되지."

"플루트는 교재 보고 혼자 취미로 연습해볼게."

"해금은 방과 후 수업으로 3개월만 들어볼래."

그때마다 아이는 나와 대화를 통해 합의하고, 때로는 협상도 해가면서 다양한 것들을 시도하고 배워가고 있다. 그게 무슨 문제가 있을까. 이것저것 해보다가 이거다 싶은 게 있으면 아이는 시키지 않아도 무섭게 몰입한다.

파티시에가 꿈인 막내는 몇 년 전부터 설탕 공예를 배워보고 싶다며 혼자 선생님을 찾아냈다. 요즘엔 인터넷 검색만 하면 모든 정보가 나오니 엄마보다 아이가 더 잘 찾아낸다. 막내는 벌써 몇 달째 학원에 다니고 있다. 더구나 요즘은 대회에 나간다며 방학 내내 하루도 빠짐없이 학원에 나간다. 하루 다섯 시간 이상씩 연습을 하려니 여간 힘든 게 아니다. 하루에 꽃잎만 수십 장 만들고 나면 어깨가 아파 죽는다. 도수 치료까지 받아가면서 중학교 1학년인 아이는 스스로 고생길로 들어섰다.

"엄마 오늘은 완전 노동하는 날이야. 조그만 열매를 200개 만들어야 해. 아마 손바닥 지문이 다 닳아버릴 거야."

"왜, 하기 힘들어? 또 어깨 아프면 어떡해? 살살해."

"근데 엄마, 아무리 내가 좋아서 시작했어도 하다 보면 너무 하기 싫을 때도 있어. 엄마도 그랬어?"

"그럼. 원래 꿈은 다 그런 거야. 내가 하기 좋은 게 30퍼센트, 죽도록 하기 싫은 거 70퍼센트. 엄마도 강의는 좋아서 하는 건데 강의 준비하는 건 너무 하기 싫어."

"그런 거구나. 나만 그런 줄 알고 걱정했네."

"그래, 네 말이 맞아. 오늘 노동하는 날이라고 했지? 원래 꿈은 노동인 거야."

"엄마 말이 뭔지 알 것 같아. 아무리 힘들어도 이건 내가 넘어설 거야. 내가 너무나 하고 싶은 내 꿈이니까."

다른 것은 들락날락거리며 하다가 말길래, 애가 원체 끈기가 없나 했더니 그게 아니었다. 자신이 하고 싶은 것을 만나니 아이는 누가 시키지 않아도 고생을 감내한다. 스스로 꿈을 이루기 위해서는 노동이라는 고통도 스스로 안고 가야 한다는 것을 알게 된 것이다.

하고 싶을 때 하고 싶다고 말할 자유, 하기 싫을 때 왜 하기 싫은지 말할 수 있는 솔직함, 정말 하고 싶은 것을 만나도 너무 힘들 때는 고생도 함께 나눌 수 있는 엄마에 대한 믿음. 이런 것들이 아이들의 꿈의 여정에 꼭 필요하다.

엄마가 자신을 협상 대상으로 인정해줘야 아이도 새로운 도전을 할 수 있다. 엄마가 그만둘 자유를 허락하지 않으면 아이는 시작조차 두려워진다. 중간에 그만두면 끈기 없다며 야단맞는 아이가 뭔가 새로운 것을 배우고 싶어질 리가 없다.

엄마는 학원 보내고 커피 마시면서 기다리면 그만이지만, 아이들은 그 모든 것을 고스란히 몸으로 해내야 하니 100배는 더 고생스럽다. 더구나 잘 못하는 것까지 성과를 내려면 정말 울고 싶다. 그럴 때마다 부모와 협상할 수 있어야 한다. 자녀 교육이란 합의하고 절충해 나가는 것이지 한번 시작하면 끝까지 뛰어야 하는 극기 훈련이 아니다. 내 재능, 내 꿈이 무엇인지 부딪치고 경험하면서 찾아내는 꿈의 여정에 선택과 걸러냄은 필수적인 과정이다. 이 기나긴 여정에 아이들에게 꼭 필요한 것은 솔직하게 대화하고 협상할 수 있는 멘토 같은 엄마다.

사회성이
부족해도
괜찮아

 몇 년 전, 일본에 있는 아들에게서 전화가 왔다. 햄버거 가게에서 알바를 시작했는데 팀장 한 명이 유독 자기를 미워하고 약을 올린단다. 알바한 지 일주일 되던 날, 아들이 햄버거를 제대로 못 만들었는지 팀장이 거의 한 시간 내내 야단을 치는데 아무리 죄송하다고 해도 도무지 듣지를 않았다. 참다 참다 너무 화가 난 아들이 결국 옷을 집어 던지고 나와버렸는데, 밤새 후회도 되고 어떻게 수습해야 하나 걱정이 이만저만이 아니었다.
 "엄마, 나 오늘 중딩 같은 실수를 했어. 왜 이렇게 인간관계가 힘들지? 차라리 전에 했던 박스 드는 알바가 낫겠어. 그냥 육체노동이 낫지, 나 싫어하는 사람과 일하는 거 정말 괴로워."
 "엄마도 그게 뭔지 알아. 나도 그런 경험 많이 해봤거든. 얼마나 괴롭니? 근데 있잖아, 물건도 가벼운 게 있고 무거운 게 있듯이 사람도 가벼운 사람이 있고 무거운 사람이 있어. 너에게 호감을 가지고 대하는 사람은 무거울 게 없지. 그냥 잘 지내면 되니까. 근데 널 싫어하는 사람은 늘 긴장되고 힘을 쓰게 돼. 무게가 상당할 거야."

"맞아. 이 사람은 너무 무거워."

"그런데 무거운 거 자꾸 들면 근육이 생기는 거 알지? 사람도 똑같아. 인간 웨이트 트레이닝!"

"맞아. 완전 웨이트 트레이닝이야. 그것도 엄청 무거운! 난 아직 체급이 달려."

"그래도 결국 연습하면 들게 돼. 체급 상승이 되는 거지. 엄마도 네 나이 땐 무거워 죽을 뻔했는데, 결국 들게 되더라. 내일 출근해서 미안하다고 사과해. 눈 딱 감고 운동하는 마음으로 웨이트 트레이닝 해봐. 언제 어디서건 그런 사람은 다시 꼭 만나게 되니까. 이번에 힘들어도 연습 한번 제대로 해봐!"

둘째 녀석은 어렸을 때부터 약간 내성적이고 감수성이 예민했다. 친구도 한두 명 정도 정말 친한 단짝들하고만 어울렸지, 떠들썩하게 몰려다니는 걸 싫어했다. 당연히 회장 같은 건 단 한 번도 해본 적이 없다. 게다가 사춘기 때부터 욱하는 기질이 생겨서 한번 화가 나면 물불을 못 가려서 선배들과 시비가 붙기도 했다. 흔히 말하는 '리더십'이나 '사회성' 같은 거라곤 눈 씻고 찾아볼 수 없는 아이였다. 그런 애가 처음으로 말도 잘 안 통하는 외국에서 돈 벌면서 수모를 겪었으니 체급이 달리는 건 너무 당연한 일이었다.

그런데 커가는 애들은 정말 어제가 다르고 오늘이 다르다. 못 버틸 줄 알았던 아이가 그래도 세 달을 더 버텼다. 그리고 그때 느낀 게 많았는지 학교에 가서는 윗사람들과 잘 지내려고 엄청 노력했단다. 덕분에 선배들이나 교수들이 칭찬도 많이 해주고 같이 연주를 해보자며 좋은 기회도 적지 않게 줬다. 지금 아이는 든든한 지원군들과 함께 너무나 즐거운 학교생활을 보내고 있다. 불과 몇 년 전만 해도 상상도 못 했던 일이었다.

많은 부모들이 아이에게 바라는 양대 축이 있다. 공부 그리고 사회성. 공부도 잘하면서 친구들한테 인기도 좋고, 회장을 도맡아 하면서 선생님한테도 인정받는 엄친아. 그것이 바로 모든 엄마들이 바라는 완벽한 이상형이다.

반면에 어렸을 때 아이가 좀 내성적이거나, 친구들을 잘 못 사귀거나, 외골수 기질이 있으면 엄청 고민하기 시작한다. 혹시 우리 아이가 학교에서 왕따 당하지 않을까 미리 걱정하면서 사회성을 키워준다는 학원에 보내는 경우도 많다.

그러나 아이의 사회성이라고 하는 것도 마음이 자라면서 같이 크는 것이다. 어떨 때는 있는 것 같다가 어떨 땐 없는 것 같다가. 환하고 밝고 리더십 있어 보이다가 우울할 때도 있다가 좌충우돌하면서 커가는 게 정상이다.

마음이 자라면 사회성도 큰다

우리 큰애도 초등학교 때는 반에서 거의 있는지도 몰랐던 조용한 아이였는데, 중학생이 되면서부터 애들을 떼로 몰고 왔다. 그러다 고등학생이 되자 친구들 사이에서 자타공인 최고의 카운슬러가 됐다. 학년이 올라갈수록 새로운 성품이 튀어나오고 섞이곤 했던 것이다. 그런 큰애와 둘째를 보면서 집에서 뚱하다고 밖에서도 그럴까 봐 걱정할 일이 아니라는 것, 회장 못 한다고 걱정할 일이 아니라는 것, 언젠가 자기한테 맞는 사회를 만나면 충분히 나름의 리더십을 발휘하면서 살아간다는 것을 알게 됐다.

게다가 둘째처럼 살다가 인간관계 복병을 만나면 그때 연습하면 된다. 부딪치고 실패에서 배우면서 아이들은 자기만의 사회성을 만들어간다. 때문에 지금 어린아이에게 어른 같은 사회성, 일관된 리더십을 기대하는 것은 오히려 부담이 될 수 있다.

물론 어떤 아이들은 태어날 때부터 사회성이 유난히 약할 수 있다. 그런데 어느 하나가 약하다는 건 어느 하나가 굉장히 강하다는 얘기다. 실제로 특별한 재능과 엄청난 집중력을 가진 아이들은 친화력이 상대적으로 약한 경우가 많다. 자기 자신과 노느라 또래와 노는 게 전혀 재미가 없는 것이다. 이런 아이들은 사회성은 약하지만 결국 자신이 가진 최고의 강점으로 인생을 풀어간다. 예를 들면 스티브 잡스는 인간관계는 미숙했지만 자신이 가진 최고의 창의력으로 결국 원하는 걸 다 이뤘다. 그런 아이에게 왜 친구를 집에 안 데리고 오느냐, 왜 너는 회장 한번 안 하느냐는 얘기는 아이한테 없는 걸 달라는 얘기와도 같다.

만약 내 아이가 그렇다면 친구가 없고 사회성이 부족한 걸 문제 삼기보다 단 한 명의 친구라도 괜찮다는 걸, 그 친구를 어떻게 소중히 대해야 하는지를 알려주는 게 백번 낫다. 살면서 친구가 많아야 한다는 건 우리들의 고정관념일 뿐이다. 정말 내 마음을 알아주는 친구 한 명, 혹은 마음 통하는 배우자 한 명만 있어도 인생은 전혀 외롭지 않다. 나 역시 내 약점까지 보듬어줄 수 있는 진짜 친구라고 마음속으로 생각하는 이는 두세 명뿐이다. 그 친구들도 다 바빠서 1년에 한두 번 보는 게 전부다. 그래도 나는 전혀 외롭거나 불편하지 않다. 혼자서도 재미있게 놀 수 있는 게 너무 많고, 나랑 할 일이 많아서 늘 바쁘니까. 친구가 많았다면 그들을 만나고 수다 떠느라 정작 나를 만날 시간이 없었을 것이다.

사회성도 결국은 성품을 기반으로 하기 때문에 일정 부분 타고난다. 어렸을 때 부모가 좌지우지한다고 해서 억지로 만들어지는 게 아니다. 아이의 성품을 관찰하면서 자신만의 사회성을 만들어가도록 옆에서 지지해주고 격려해주자. 그것이 어떤 모습이든.

해결사 말고 해석사

"엄마 돈 쓸 땐 몰랐는데 돈 벌기 진짜 힘들어."
알바하는 우리 아들이 힘든가 봅니다.
스스로 영양제를 챙겨 먹는다네요.
"엄마는 내가 버는 돈 정도는 금방 벌 텐데…."
"음… 그건 그렇지. 그런데 왜 그런지 아니? 엔진 성능이 달라서 그래. 난 너보다 30년 더 고생하면서 튜닝을 해서 엔진 성능이 너보다 몇십 배 좋거든. 그러니까 이건 실력 차이가 아니라 시간 차이야. 걱정하지 마. 너도 엄마 나이 되면 엔진 튜닝이 잘될 테니까."
독립할 나이가 가까울수록 아이들은 겁이 나나 봅니다.
이렇게 벌어서 진짜 독립을 할 수 있을까 미리 걱정을 합니다.
엄마인 저는 아이들이 걸어갈 불안한 미래를 먼저 걸어와봐서 조금은 압니다.
막상 만나본 미래는 내가 걱정했던 것만큼 무섭지는 않았거든요.
20대에는 20대에 겪어봄직한 문제들을 풀었고,
30대엔 또 그 나이에 해봄직한 적절한 고생을 했습니다.
자신의 실력이 너무 한심해 보인다고 생각하는 게
청춘의 특징이기도 합니다.

20대 자녀를 기른다는 건 초중고 아이를 기르는 것과는
또 다른 숙제를 엄마에게 줍니다.
자꾸만 실패하고 좌절하는 두려운 청춘에게
희망의 해석을 해주는 숙제 말이죠.
자녀가 클수록 엄마는 '해결사'가 아닌 '해석사'가 되어야 합니다.

당당한
어른으로
키우는 법

몇 년 전, 아이들과 여름방학을 맞아 돈에 대해 대화를 나눴다. 아이들이 태어나서 지금까지 경험한 돈은 대부분 '타는 돈'이었지만, 이제 본격적으로 '버는 돈'을 경험해볼 때가 왔다. 먼저 가족회의부터 시작했다.

"자, 이제부터 각자 가장 창의적인 방법으로 돈을 벌어봐. 하고 싶은 일을 제안하고 얼마를 받으면 좋겠는지 제시하는 거야. 그것이 합당한지는 우리가 함께 결정하자."

'타서 쓰는 용돈'에서 '벌어서 쓰는 용돈'으로 바꿔보자는 나의 제안. 아이들의 표정이 자못 진지해진다.

"난 엄마 회사 포토샵, 동영상 편집, 사진 찍는 거 맡아서 할게. 동생들 미술 과외는 서비스로 해주고."

대학생 큰딸은 이제 용돈이 아닌 급여로 달란다. 그럴 나이가 되었고, 사실 그동안 찜찜했다고 고백하면서.

"난 매일 엄마 회사 청소를 할게. 그리고 강연회 있을 때 현장 도우미 하고, 엄마 10월 토크쇼에 칠 피아노 곡 레슨해줄게."

둘째 아들은 매일 회사에 일찍 와서 땀을 흘리겠단다. 시급으로 계산할 건데 편의점 수준으로 달란다.

"난 수학 학원 그만두고 방학 동안 수학 개념서 두 권 읽으면서 정리해볼게요. 학원 안 다니면 20만 원은 절약하는 거니까 그것도 버는 거 맞죠?"

초등학교 4학년 막내딸이 깜찍하게도 20만 원을 이렇게 벌어보겠단다.

아이들이 자라면서 공부 잘하는 것보다 더 중요한 것은 스스로 독립적인 인간으로 자부심을 갖는 일이다. 독립 생명체가 되기 위해서는 돈에 대한 독립이 필수다. 그러려면 먼저 '타는 돈'에서 '스스로 버는 돈'으로 돈의 개념을 훈련시켜줄 필요가 있다. 버는 돈이 되면 똑같은 액수라도 절대 같은 돈이 아니다. 이전에 가졌던 만 원의 가치가 변하는 걸 몸으로 느낀다. 그러면서 스스로 경제적인 원칙을 세우게 된다. 돈은 상상이 아닌 실체니까.

나도 어릴 적 엄마 양장점에서 치맛단을 꿰매면서 5원씩 벌곤 했다. 하루는 산더미 같은 바느질에 지쳐 엄마에게 이런 질문을 한 적이 있다.

"나는 치맛단 꿰매고 겨우 5원 받는데 엄마는 치마 하나에 2만 원이나 받잖아. 왜 그렇게 차이가 나?"

그때 엄마는 웃으면서 말했다.

"너는 남들도 어느 정도 하면 다 할 수 있는 치맛단을 꿰매고, 엄마는 남들이 할 수 없는 재단을 하고 옷을 만들 수 있잖아. 그러니까 당연히 받는 돈이 달라야지."

평생 양장점을 하면서 돈을 번 엄마는 돈에 대한 철학을 철저히 가르쳤다. '형제끼리라도 이자는 제 날짜에 정확히 줄 것', '쓰면 남의 돈, 모으면 내 돈', '돈 쓰다 똑똑해진 사람 없다, 돈 벌다 똑똑해지지' 등 돈에 관한 무수한 교육을 시켰다. 그중에 가장 뇌리에 박힌 건 '시집갈 때 각자 벌어서 자기 돈으로 가라'였다. 그래서 우리 딸 넷은 내 돈이 없으면 시집 같은 건 아예 못 가는 줄 알고 죽어라 돈을 모았다. 그래서였을까? 신혼 때 가난한 시작이 부끄럽지 않고 자랑스러웠다. 이만큼이라도 벌어서 결혼한 스스로가 대견했으니까.

그런 교육을 받고 자라서인지 나 역시도 아이들에게 가장 중요하게 교육시키는 것이 있다면 돈에 관한 것이다. 사실 툭 터놓고 말하면 자녀 교육의 가장 중요한 목적이 '내 돈 안 쓰게 만드는 것'이다.

나이 서른이 돼서도 부모의 돈을 쓴다는 건 우리는 노후가 없는 동시에 자녀는 미래가 없다는 뜻이다. 적당한 나이에 꿈과 생계를 스스로 끌어갈 수 있는 능력, 그것이 돈을 버는 데서 출발하니까.

또 한 가지 내가 아이들에게 어려서부터 돈에 대해 정확히 가르친 이유가 있다. 버는 돈과 타는 돈은 그 안에 든 내용이 다르다. 버는 돈 안에는 수많은 과목의 스승이 존재한다. 인내, 사회성, 성품, 눈치 등

각각의 스승이 돈을 벌 때마다 등장해 우리를 가르친다. 그러나 타는 돈은 별 스승이 없다. 오히려 거짓말하기, 비굴하기, 부풀리기 등 없어야 할 것들이 가득 들어 있다.

타는 돈의 수동성에서 버는 돈의 능동성을 체험하는 것, 그 안에서 꼭 만나야 할 스승들을 만나는 것, 그것이 내가 아이들에게 바라는 것이다. 이것은 아무리 경제 교육 강의를 듣고 책으로 공부해도 알 수가 없다. 몸으로 해보지 않고는 모른다.

나는 아이들이 돈에 관해서 유능한 사람이 되기를 바란다. 어른이 되었을 때 자신의 생명과 꿈을 스스로 밀어주는 당당한 사람이 되기를 바란다. 스스로 돈을 벌어 자신을 책임질 수 있어야 비로소 당당한 어른이 된다. 어른이 되어서도 스스로 먹고 자고 배우고 꿈꾸는 일을 밀어줄 수가 없으면 어른이 아니다.

어른이 된 자녀와 사는 시간도 엄마에게는 꽤나 긴 시간이다. 자녀들은 20년은 아이의 모습으로 40년은 어른의 모습으로 산다. 그러니 어른다운 어른이 되는 준비는 어릴 때부터 습관으로 길러줘야 한다. 타서 쓰는 게 당연해지면 그것도 나쁜 습관이 된다. 결국 우리가 공부에 목을 매는 것도 아이들이 어른이 되었을 때 스스로 책임질 수 있는 능력을 주기 위해서라면 어릴 때부터 돈에 관한 교육도 공부 못지않게 철저히 시켜야 한다. 물론 이론이 아닌 실천으로.

얼마 전 큰애가 돈을 벌어 내 생일 선물로 구두를 사 왔다. 그때 내 생일 카드에 쓰여 있던 문구를 잊을 수가 없다.

'노 모어(No more) 종이 카네이션! ㅋ'

어릴 적 늘 종이로 만든 카네이션을 선물로 주다가 구두를 사서 당당히 건넨 딸. 타는 돈의 시대를 마감하고 버는 돈의 시대를 맞이한 큰애가 더없이 대견했다. 다음 날 큰애에게 답장을 했다.

'고마워. 정말 무지막지하게. 이 구두 어떻게 신냐? 아까워서. 돈 벌기 시작한 거 축하해. 이제 네가 하고 싶었던 거 하면서 스스로 팍팍 밀어줘.'

언젠가 살다 보면 아이들이 준 종이 카네이션이 그리워질 날도 있겠지만 큰애가 준 구두를 보며 나는 우리 둘 다 대견했다. 큰애는 스스로 독립할 만큼 자란 것이. 나는 또 어린아이였던 딸을 이만큼 길러낸 것이.

아이들의 꽃대를
빨리 보려
하지 마세요

요즘 나는 옥상 텃밭 가꾸는 재미에 푹 빠졌다. 상추, 적겨자, 로메인 등등 온갖 채소 스무 종을 키우고 딸기, 허브까지 키운다. 작게 시작한 옥상 텃밭이 지금은 어마어마하게 커졌는데 우리 직원들이 "이건 텃밭이 아니라 거의 농장 수준"이라고 할 정도다.

나는 내게 농사짓는 재능이 있을 줄은 정말 몰랐다. 그동안 집에 들어오는 식물을 여러 번 키워보려고 했지만 한 달도 못 버티고 다 죽게 만든 내가 아닌가. 바쁘다는 핑계로 늘 화분에 물도 제대로 못 줬다. 근데 나이 오십이 넘으니 신기하게 채소 키우는 게 재미가 어진다. 아침잠이 없어 새벽 6시에 눈뜨면 일단 옥상에 올라가서 물부터 준다. 그러면 하룻밤 만에도 채소들이 몰라보게 쑥쑥 큰다.

그럴 때 보면 꼭 애들이랑 똑같다. 우리 애들도 한창 클 때는 6개월, 1년 만에 '누구세요?' 할 정도로 딴 애가 돼 있곤 했으니까. 그런데 식물도 똑같이 하루만 지나도 적겨자가 딴 애 돼 있고, 상추가 딴 애 돼 있다.

매일 안 보면 사고 치는 것도 어쩜 그렇게 똑같을까. 하루 안 본 사이에 꼭 벌레 먹어 있고 잎사귀가 누렇게 떠 있다. 그래서 벌레 잡아 주고 물 줘서 다시 잘 자라는 걸 보면 박수도 치고 노래가 저절로 나온다. 그중에서도 쑥갓은 어떻게 키우는지 몰라 초반에 꽤나 애를 먹었다. 처음에는 순이 올라오더니 쑥쑥 잘 자라서 '애는 원래 이렇게 빨리 크나 보다'라고만 생각했다. 그런데 꽃대가 올라오더니 금방 꽃이 피어버렸다. 야채가 꽃을 피웠다는 건 이제 다 커서 먹을 게 없다는 얘기다. 정말이지 쑥갓은 꽃대만 삐죽 올라오면 따 먹을 게 하나도 없다. 하도 답답해서 인터넷에 찾아보니 어릴 때 순을 잘라줘야 된단다.

막상 순을 자르려니 꼭 금방 죽을 것만 같다. 올라오려고 하는데 그만 크라고 고통을 준 거니까. 그런데 시키는 대로 순을 잘라주니 금방 옆으로 서너 개씩 새순이 나오기 시작했다. 나중엔 무성해져서 한동안 쑥갓을 엄청 땄다. 그렇게 쑥갓을 키우다 보니 문득 우리가 아이를 키우는 모습이 이와 다르지 않다는 생각이 들었다.

많은 엄마들이 아이들을 '공부 잘하고 말 잘 듣는 아이'로 빨리빨리 키우고 싶어 한다. 옆길로 새는 꼴을 못 보는 것이다. 그렇게 한 방향으로만 아이를 키우면 그때는 신이 난다. 쭉쭉 뻗어나가니 옆집 아이보다 위에 있어 보인다. 반면 한 방향으로 쭉쭉 자라지 못하고 자꾸만 옆으로 다른 새순을 피워내는 아이는 키가 자라질 못한다. 엄마들은 이 지점을 참지 못한다. 빨리 커도 시원찮은데 자꾸 옆집 아이한테 밀리는 것 같으니까 덜컥 조바심이 난다.

그러나 똑똑한 엄마라면 당연히 알아야 할 중요한 사실이 있다.

아이는 키 대신 '부피'를 키우고 있다는 것이다. 나도 아이를 셋이나 키우면서 나중에야 알았다. 키가 자라지 않는 시간에는 부피가 커지고 있다는 사실을 말이다. 옆으로 삐죽이 새순을 내보이면서 부피를 키워가는 것도 아주 특별한 재능이라는 것을. 게다가 자연법칙상 수직으로 웃자란 아이일수록 결국은 꽃대가 빨리 올라오는 결과를 가져온다. 진짜 공부하는 재미, 가장 중요한 삶에 대한 흥미를 잃어버리기 쉽다. 이렇게 사는 것 이외에는 방법이 없다고 생각하기 때문에 어떻게 해야 더 재미있고 행복하게 사는지를 찾지 않게 된다. 내가 만난 한 20대 대학생은 원하던 대학에 들어오자마자 꿈을 잃어버렸다고 고백했다.

"원래 제 꿈은 잡스처럼 혁신적인 제품을 만드는 공학자였어요. 그런데 고등학교 때 공부에 정말 질려버려서 지금까지도 공부와 시험이라면 지긋지긋해요. 솔직히 당분간 휴학하고 아무것도 하고 싶지가 않아요."

내가 아는 이공 계열 교수님도 "전공 공부가 시작되는 2학년 때 공부에 가장 집중해야 하는데, 학생들이 어릴 때부터 하도 선행 학습을 많이 해서 막상 그때는 다 지쳐버린다"고 토로한 적이 있다. 정작 깨닫는 재미, 암기가 아닌 진짜 공부하는 재미를 느껴야 할 때 공부가 지겹다며 밀쳐버리게 되는 아이러니. 일찍 꽃대가 나와버린 수많은 아이들이 겪고 있는 현실이다.

반면 어떤 상황에 의해 한 가지 길로 못 가게 됐거나, 천성적으로 자꾸 옆으로 삐져나오려고 하는 아이들도 있다. 음악을 하고 싶다고 열심히 기타 배우다가 그만두고, 그림을 그리겠다고 하다가 갑자기 사진을 찍겠다는 식이다. 부모는 그런 아이가 탐탁지 않다. 한 가지로 끝까지 완주 못 하고 중간에 그만두는 끈기 없는 아이로만 보이니까. 하지만 가만히 관찰해보면 들락날락하는 아이들은 결국 자기에게 어울리는 일을 찾아낸 뒤에는 놀라울 정도의 끈기를 보여준다.

당장 위로 보이는 꽃대가 없어서 잘하는 게 없고 성장이 더뎌 보이지만 나중에 보면 자신만의 여러 가지 경험과 재능을 합쳐서 풍성한 삶을 살아간다. 아이들마다 자라는 방식도 이렇게 다 다른 것이다. 그래서 공부로 꽃대를 만들지 못해도, 자꾸 옆으로 순을 키워내는 아이들도 너무 걱정하지 말고 조금만 기다려줘도 된다. 꽃대가 올라왔다는 건 꽃피고 끝난다는 얘기다. 아이를 키울 때만큼은 꽃대를 너무 빨리 보려고 하지 말자. 길게 쭉 뻗어나가는 아이보다 무성하게 자라는 아이, 키보다 부피를 키우는 아이를 믿고 응원해줘야 한다.

생각은
엄마가
할게

요즘 강의 현장에서 20~30대 청춘들을 많이 본다. 다들 꿈에 대한 열정이 가득한 얼굴들이다. 그런데 이들을 만나면서 한 가지 느낀 점이 있다. 자신의 미래에 대해 '생각하는 실력'이 의외로 떨어진다는 사실이다.

"디자이너가 되고 싶은데 어떻게 해야 될까요?"

"제가 뭘 좋아하고 잘하는지 모르겠어요."

심한 경우에는 정말 이렇게 묻는 대학생도 있다.

"선생님, 저는 아나운서가 꿈인데 괜찮은 학원 좀 추천해주세요."

아나운서도 아닌 내가 도대체 어떻게 안다고 학원을 추천할까. 인터넷에 검색만 해도 알 수 있는 정보를 물을 때면 대략 난감하다. 그 정도로 자신의 꿈에 허술한 청춘이 너무 많다. 진작 10대에 던졌어야 할 인생의 중요한 질문을 한 적도, 스스로 대답해본 경험도 별로 없다. 수능 영어, 수학 문제만 풀 줄 알았지 꿈과 관련된 문제는 제대로 풀어본 적이 없는 것이다. 결국 이는 뒤늦은 고민과 방황, 불안을 불러와 많은 청춘들을 힘겹게 하고 있다.

이런 생각하는 시간의 부재는 직장 생활까지 이어진다. 열심히 노력하고, 공부해서 직장에 들어오긴 했는데 '이 일이 나에게 맞는 것일까?', '내가 여기 왜 와 있을까?'를 직장에 들어가서야 비로소 생각하기 시작한다. 요즘은 남들이 다 부러워하는 직장에서도 신입사원 퇴사율이 꽤나 높다. 인생에서 한 번은 풀어야 할 '나는 누구인가?'라는 질문의 대답을 찾는 숙제를 뒤늦게 풀고 있는 중이다.

그러나 이것이 과연 그들 탓일까. 나는 지금도 아이들의 인생 숙제를 대신 풀고 있는 엄마들을 무수히 만난다. 그녀들은 자식들에게 당당히 말한다.

"생각은 엄마가 할 테니 너는 공부만 해."

그때부터 2인 3각의 팀플레이가 펼쳐진다. 엄마가 부지런히 입시 정보를 모으고 아이는 기계처럼 공부하면서 스텝을 밟아간다. 그렇게 고등학교는 물론이고 어떤 대학, 무슨 과에 갈지 생각하는 것은 당연히 엄마의 몫이다. 나중에는 공무원 시험을 볼지, 어떤 회사에 취업할지까지 결정하는 엄마들도 적지 않다. 자식으로부터 '생각할 권리'를 아예 빼앗아버리는 것이다. 그러나 '생각'이라는 인간의 기본권을 박탈당한 삶은 얼마나 불행한가. 어디로 가는지, 왜 가는지 모르고 걷는 길이 과연 행복할까? 기계 같은 삶 속에서 살아 있다는 존재감을, 자기를 사랑해야 하는 근거를 과연 찾을 수 있을까?

•

공부하는 엄마, 생각하는 아들

지난 30여 년간 수많은 사람들을 만나면서 한 가지 깨달은 게 있다. 외우는 실력은 스물다섯 살까지만 통용된다는 것이다. 학교에 있을 때까지는 외우는 실력이 가장 중요하다. 그 외에 '다른 실력'은 학교와는 도무지 어울리지 않는다. 친구랑 잘 떠드는 능력, 분위기 파악하는 능력, 조용히 사색하는 능력, 쉽게 주눅 들지 않는 능력은 학교에서 필요하지 않다. 그러나 세상에 나오는 스물다섯 이후부터는 다른 능력을 훨씬 더 많이 쓴다. 외우는 실력보다 깨닫고 실행하는 실력으로 버티게 돼 있다. 다양한 사건과 인간관계를 해석해 의미를 찾고, 이를 현실에서 실현시키는 능력이 가장 중요하다. 그래서 공부를 못하는 사람도 스물다섯 이후에 인생의 기회가 얼마든지 있다.

공부에 관심이 없는 아이들도 자기 나름대로 꿈의 블록을 쌓고 있다. 다만 엄마가 좋아하지 않는 블록, 옆집에 자랑하기에 찜찜한 블록을 쌓을 뿐이다. 그렇게 차곡차곡 자기 인생을 쌓아간 아이들은 자기 나름의 생각과 계획이 있다. 겉으로는 허술해 보이지만 속까지 허술하지 않다. 현재가 허술해 보일 뿐 미래까지 허술하지는 않다는 얘기다. 반면 생각은 엄마에게 맡기고 공부만 한 아이들은 스물다섯 이후 블록을 들고 주변 사람들에게 묻는다. 이제 어떤 블록을 쌓아야 돼요? 그렇게 울면서 먼 길을 돌아가는 청춘이 너무 많다. '생각은 엄마가 할게, 넌 공부나 해'의 참담한 결과다.

이 모든 것을 알긴 하지만 막상 아이한테 어떻게 해야 할지 모르겠다면, 그래도 아이의 공부가 걱정스럽고 불안하다면 방법이 있다. 엄마가 직접 공부를 해보는 것이다. 그냥 해보는 말이 아니고 진심으로 하는 말이다.

몇 년 전, 나는 내 또래의 '공부하는 엄마'를 만났다. 카이스트 박사 출신으로 가방끈도 길고, IT 회사를 차려 10년이나 운영한 전직 CEO다. 남부러울 것 없이 성공가도를 달려온 그녀는 나이 오십의 문턱에서 스스로 내려왔다. 아무리 돈과 명예를 얻어도 행복하지 않은 자신을 발견한 것이다. 그 대신에 백수를 자처하며 '남산강학원'이라는 공부 배움터에서 진짜 공부를 시작했다. 돈이 되는 공부, 스펙 쌓는 공부가 아니라 내 삶을 치유하고 인생과 화해하는 공부를 한 것이다. 스피노자, 괴델, 갈릴레오 등 과학과 철학을 넘나들며 치열하게 공부를 했다. 그동안 CEO로서 회사의 문제, 직원들 문제만 대신 풀던 그녀가 공부를 통해 자신의 삶을 돌아보고, 해석하는 통찰을 갖게 됐다. 스스로 생각하는 힘이 생기자, 표정도 밝아지고 한결 여유 있어졌다.

그런 엄마를 보며 가장 많이 바뀐 것은 바로 그녀의 아들이었다. 지금 대학생인 아들은 고등학교 때 정말 공부를 안 했다. 그중에서도 수학은 거의 찍어서 맞출 정도였다. 100만 원짜리 과외 선생을 붙여도 소용이 없었다. 도대체 왜 공부를 안 하냐고 물으면 삐딱한 표정으로 이렇게 말했다.

"엄마는 열심히 공부해서 지금 회사 사장이 됐지만 하나도 안 행복해 보여. 그런데 내가 왜 공부를 해야 돼?"

그랬던 아들은 대학에 들어가서도 힙합을 한다며 공부는 뒷전이고 친구들과 어울려 다니기 일쑤였다. 그런데 엄마가 공부를 하는 모습을 보자 무슨 생각을 했는지 하루는 친구들을 데리고 집에 왔단다.

"엄마, 우린 진짜 너무 무식한 것 같아. 우리도 세상을 보는 우리만의 관점을 갖고 싶어. 공부 좀 시켜줘."

그때부터 그녀는 아들을 비롯해 아들 친구 세 명을 데리고 세미나를 하고 있다. 일방적으로 가르치는 게 아니라 책을 함께 읽고 발제하고 토론하는 방식이다. 니체도 읽고, 과학책도 읽고 공부하면서 느낀 것을 글로 직접 쓰기도 한다. 덕분에 미래에 대한 불안감에 힘들어하던 아이들도 조금씩 자신만의 해답을 만들어가는 중이다.

"공부가 주는 가장 큰 힘은 세상이 던지는 질문 자체를 바꾸게 하는 데 있어요. 세상은 '성적 잘 받을래? 아니면 굶을래?'로 묻지만 그 사이에는 무수한 선택지가 있어요. 그 안에 새로운 길을 낼 수 있는 힘, 세상의 질문을 거부하고 스스로 질문을 만드는 배짱이야말로 공부만이 가진 힘이죠. 그 힘을 아이들도 느꼈으면 좋겠어요."

그녀는 공부를 통해 자신의 인생은 물론, 자식의 인생을 해석하는 힘을 얻게 되었다고 말한다. 그전에는 철없는 아들의 모습에 실망도 하고 걱정도 많았다. 내가 낳은 자식이지만 3등급 이하의 성적을 받아 오는 아이를 이해할 수 없었다. 그러나 이제는 한발 떨어져 아들의 인생을 바라보고, 아이를 존중하게 됐다. 그렇게 '공부하는 엄마, 생각하는 아들'로 사는 지금이 너무 행복하다는 그녀. 불안한 질문, 불필요한 스트레스를 거부하는 힘은 공부에서 나온다. 스스로 공부하는 엄마가 자신과 아이를 모두 든든히 키울 수 있다.

AI 시대에 살아남는 아이들의 공통점

최근 나는 AI와 대화하고 학습하느라 바쁘다. 아침에 일어나 실리콘밸리 뉴스를 읽고 정리하는 일을 시작으로 하루를 계획하고 할 일을 정리하는 것, 문득 떠오르는 아이디어를 기록해두는 일, 퇴근 후에 기록해놓은 아이디어를 꺼내어 디벨롭하는 것도, 유튜브 채널에서 인터뷰할 전문가를 찾고 연락하는 것도 AI와 함께한다. 나의 하루 24시간을 함께하는 건 남편도 아이도 회사 직원도 아닌 AI다. AI는 나의 비서이자 학습 파트너이고 훌륭한 직원이다.

AI가 나만의 화두는 아닌 것이, 요즘 어느 강연에서나 질문에 AI 얘기가 빠지질 않는다. 엄마들의 질문도 예외는 아니다.

"애가 진짜 공부를 안 하려고 해요. 수학 문제도 AI에게 '이 문제 어떻게 풀어?' 하고 묻고요, 영작 숙제도 대충 써서 AI에게 보여주더니 문법도 고치고 고급 어휘로 싹 바꿔서 제출하더라고요. '왜 단어를 외워야 해? 궁금하면 AI한테 물어보면 되는데?' 이래요. 괜찮은 걸까요?"

"요즘은 아이 키우는 것도 겁이 나요. 앞으로는 AI가 다 해준다는데, 아이에게 뭘 가르쳐야 할지 모르겠어요."

AI 혁명이 바꿔놓은 학습 풍경은 실로 놀랍다. 10년 전만 해도 빠르게 지식을 습득하고 정확하게 꺼내 쓰는 것이 경쟁력이었다. 하지만 지금은 다르다. 과외 받고 학원 다니며 머리에 채워 넣던 지식을 굳이 외우고 저장할 필요가 없다.

이제 엄마들의 고민은 단순히 아이를 잘 키우는 것이 아니다. 도대체 이 세상이 어디로 가고 있는지, 그 변화 속에서 나는 무엇을 준비해야 하고, 아이에게 무엇을 가르쳐야 할지조차 갈피를 잡기 어렵다는 것이다.

•

AI 파트너십은 자존감에서 나온다

요즘 아이들은 AI를 당연하게 쓴다. 고등학생은 챗GPT로 대학 입시용 자기소개서를 한 시간 만에 완성하고, 초등학생조차 학교 숙제를 AI와 상의한다. 이제 AI는 단순한 검색 도구가 아니다. 아이들의 '생각'과 '결정'에 영향을 주는 파트너다.

나는 이 모든 실력의 바탕이 자존감이라고 믿는다. 자존감이 있는 아이는 스스로 배운다. 모르면 AI에게 물어보고, 실패해도 다시 도전한다. 방향키를 자기가 쥐고 있기 때문이다. AI를 잘 쓰려면 연습은 필수다. 하지만 처음엔 어색하고 원하는 답도 잘 안 나온다. 계속 부딪히며 질문하고 응답을 조율하면서 능력이 생긴다. 그래서 필요한 건 완벽한 질문이 아니라 시행착오를 감당할 용기다. 그 용기를 지탱하는 것이 바로 자존감이다.

AI는 주어진 문제를 풀어주는 데는 천재지만, 새로운 문제를 만들어내지는 못한다. 그래서 아이에게 진짜 필요한 능력은 '문제를 발견하는 힘'이다. '왜 그렇지? 다르게 할 수 없을까? 더 나은 방법은 없을까?' 하는 질문을 던질 수 있는 아이가 진짜 인재다. 그리고 이런 실력은 일상에서 자란다. 친구와 부딪히고, 의견이 다르고, 실패하고, 다시 해보는 과정에서 생기는 것이다. 그러니 엄마가 해결사가 되려고 하면 안 된다. 아이 스스로 실수하게 두고, 해결하게 내버려둬야 문제 해결력이 자란다.

결국 AI의 핵심은 기술이 아니라, 그 기술을 다루는 '나'라는 존재다. 나를 단단하게 만드는 힘, 그게 바로 자존감이다. AI 시대에는 수학 잘 푸는 아이, 영어 잘 외우는 아이가 아닌 자존감이 단단한 아이가 살아남는다. 자존감이 높은 아이는 자기 기준으로 판단하고 선택하며, AI를 파트너로 삼아 함께 성장한다.

그렇다면 AI 파트너십의 뿌리인 '자존감'을 어떻게 키워줄 수 있을까? 나는 답은 부모의 신뢰에 있다고 생각한다. "넌 할 수 있어. 틀려도 괜찮아. 다시 해보면 돼"라고 얘기해줄 수 있는 부모, 정답을 가르쳐주는 것이 아니라 질문할 수 있게 도와주는 부모, 실험을 응원해주는 부모, 실패도 경험으로 인정해주는 부모가 AI 시대에 살아남는 아이의 든든한 동반자다.

●

엄마부터 AI 팀장이 되자

우리는 'AI 시대'라는 전혀 새로운 세상 앞에 서 있다. 이 변화는 앞으로의 교육, 육아, 가족의 관계까지 전부 다시 쓰게 만들 것이다. 기존의 지식이나 방식은 더 이상 통하지 않는다. 그래서 누구보다 엄마가 먼저 배워야 한다. 엄마가 두려우면 아이도 두렵다. 엄마가 회피하면 아이도 회피한다. 반대로 엄마가 공부하면 아이도 공부한다. 엄마가 시도하면 아이도 도전한다. 그래서 엄마가 먼저 AI와 친구가 되어야 한다.

지금부터라도 AI를 삶에 데려오자. 아침 루틴을 AI에게 알려주고 오늘 할 일을 같이 정리해보자. 생각나는 아이디어를 AI와 함께 다듬어보자. 아이의 학습 계획을 AI에게 분석시켜보자. 그렇게 AI를 '도구'가 아닌 '파트너'로 만드는 연습이 시작되어야 한다.

요즘 아이들과 엄마 사이에 대화가 점점 줄어든다고 하소연하는 엄마들이 많다. 엄마는 묻고 아이는 짧게 대답한다.

"밥 먹었어?", "응."

"학교 어땠어?", "그냥."

왜 대화가 단절되는 걸까? 사는 실력이 다르기 때문이다. 아이는 지금 시대를 살아가고 있다. AI가 일상이 되고, 유튜브와 디지털 콘텐츠가 언어가 되는 세상 속에서 자란다. 그런데 엄마는 여전히 과거의 패턴, 과거의 기준에 머물러 있다. 최신 기술, 콘텐츠, 트렌드를 모르면 아이가 뭘 말하는지조차 이해할 수 없다. 아이가 '프롬프트가~' 하면서 말문을 여는데 엄마가 못 알아들으면 대화는 그걸로 끝이다.

대화의 시작은 기술이 아니라 관심이다.

"그게 뭐야? 엄마한테도 알려줘."

이 한마디로 대화는 시작된다. 그래서 듣는 실력을 키우려면 '지금 시대를 배우는 노력'이 필요하다. 그게 곧 사는 실력이다.

앞으로의 세상은 'AI를 부리는 사람'과 'AI에게 지시받는 사람'으로 나뉠 것이다. 그래서 엄마들은 'AI의 팀장'이 되어야 한다. 집에서도 엄마가 AI를 쓰고, 가족의 문제를 AI와 함께 해결해보는 모습을 보여야 한다.

"오늘 저녁 뭐 해 먹을까? 엄마가 AI한테 물어봤더니 이런 레시피가 나왔네."

"우리 여행 코스 AI랑 짜볼까?"

이런 대화를 통해 아이는 자연스럽게 AI와 함께 사는 감각을 익힌다. AI를 쓰는 연습은 거창할 필요 없다. 매일 AI에게 말을 걸어보는 것부터 시작하자. 질문을 던지고 답을 비교하고, 그 과정에서 아이도 엄마도 같이 성장할 수 있다. AI는 '사용설명서'보다 '경험'으로 익히는 기술이다.

자녀 교육은 더 이상 엄마가 가르치고 아이가 배우는 관계가 아니다. AI 시대의 교육은 엄마와 아이가 '함께 배우는' 관계여야 한다. 같이 배우고, 같이 실수하고, 같이 성장하는 관계. 이게 앞으로 자녀 교육의 핵심이다. 엄마가 배워야 아이도 배우고, 엄마가 쓰는 걸 봐야 아이도 자연스럽게 AI와 친구가 된다.

오늘 하루, 딱 5도만 다른 방향으로 걸어보자. 내 인생에서 새로운 선택을 하고, 작은 실천을 시작해보자. 그 작은 움직임이 결국 다른 대륙으로 우리를 데려다줄 것이다. 우리는 지금 시대의 전환점에 서 있다. 아이가 아니라 엄마가 먼저 그 전환의 주인공이 되자.

어린이날 큰딸 선물

어린이날입니다.
내게도 꼭 챙기고 싶은 어린이가 있습니다.
나의 큰딸.
이제 서른이 훌쩍 넘었지만 마음 안에 늘 아이가 있습니다.
내 눈에만 보이죠.

살다 보니 아이들이 커갈수록 책임과 의무만 강조하게 되네요.
그 애는 그냥 내게 어리광 부리는 아이이고 싶을 텐데요.
이 세상에 마음 편히 그럴 수 있는 사람은 오직 엄마 한 사람뿐인데요.

아마 우리 딸이 깜짝 놀랄 겁니다.
내가 오늘 어린이날 선물을 주게 되면요.
'넌 아직 내겐 어린이야.
엄마한테 기대도 돼.
예쁜 우리 아기.'

그런데요…

그거 아세요?

내 안에도 아이가 있답니다.

누가 좀 '힘들지?' 하고 챙겨주면 좋겠네요.

엄마로만 오래 살았더니

너무 지쳐요….

시집가서 엄마 노릇 하느라

고생하는 딸에게

어린이날 문자라도 해주세요.

'여전히 넌 엄마 아기란다. 소중하고 예쁜 아기….'

엄마가 된다는 건 기회다

엄마
리더십

모처럼 한가했던 주말 어느 날이었다. 평소처럼 운동을 하고 방에서 영어 공부를 하는데 갑자기 궁금해졌다.

'우리 식구들은 지금 다들 뭘 하고 있나?'

요즘 색소폰에 한창 빠진 남편은 연습실에 가 있다. 큰애는 식당에서 일하느라 제일 바쁠 시간이다. 둘째는 연주회 준비하느라 피아노 앞에서 살다시피 하고, 막내는 취미인 설탕 공예를 배우러 갔다. 다섯 식구 모두 각자의 삶을 열심히 살아가고 있었다. 생각해보면 다들 참 많이 컸다. 15년 전만 해도 온 식구가 다 나를 찾았는데….

"엄마 오늘 몇 시에 들어와?"

"엄마 오늘 뭐 해? 나랑 놀아줘, 심심해."

아이들은 어렸을 때 자신의 하루를 채울 능력이 없다. 뭘 해야 될지 모르니 심심할 수밖에. 아이의 하루를 함께 채워주려면 부모가 늘 바쁘고 힘들 수밖에 없다. 그런데 어느 정도 크면 각자 자기 시간을 알아서 채워간다. 심지어 그 시간에 엄마가 끼어들까 봐 걱정한다. 부모 입장에서는 서운할 수 있지만, 그게 다 애들이 제대로 컸다는 증거다.

'드디어 해냈구나. 김미경! 나 아니면 누가 이렇게 해내랴!'

지난 15년간의 세월이 스쳐가면서 스스로가 너무 기특했다. 엄마 없으면 아무것도 못 하는 어린아이를 키워서 독립해 살 수 있는 어른으로 만드는 게 어디 보통 일인가. 다른 게 리더십이 아니라 바로 이게 진짜 리더십이다. 엄마 리더십. 무슨 사장이나 단체 대표만 리더십을 발휘하는 게 아니다. 가족 구성원들이 자신의 삶을 잘 꾸려갈 수 있게 만드는 일상의 리더십만큼 중요한 게 어디 있을까. 그런데 많은 엄마들이 이렇게 말한다.

"저는 그냥 집에서 놀아요. 애들한테 해준 것도 없어요."

절대 그렇지 않다. 사람의 일상 궤도를 돌아가게 하는 것은 태양이 지구 돌리는 것만큼이나 대단한 일이다. 지구가 우주로 튕겨 나가지 않고 궤도를 돌 수 있는 건, 태양이 중심을 잡아주기 때문이다. 마찬가지로 남편이나 아이들이 밖에 나가서 흔들리지 않고 살 수 있는 건 엄마가 중심에 있어서다. 집안에서 심리적으로 가장 단단한 중심은 대부분 엄마가 지탱하고 있다. 보이지 않는 단단한 끈. 오랜 시간 먹이고 입히고 잔소리하고 때로는 싸우고 울기도 하면서 피땀으로 만든 엄마의 정서적 탯줄.

이 탯줄 덕분에 가족 모두가 밖으로 튕겨 나가지 않고, 각자의 영역을 침범하지 않으면서 자신만의 궤도에서 살아갈 수 있는 것이다. 그러나 지구에 사는 우리가 태양의 소중함을 실감 못 하듯 평범한 일상에서는 엄마 리더십이 얼마나 소중하고 대단한지 본인조차 잘 모른다. 그러다 엄마에게 큰일이 생기면 그제야 모두들 깨닫게 된다. 내가 이렇게 편안하게 살 수 있었던 것은 엄마가 중심을 잡아준 덕분이란 걸.

나도 엄마가 병석에 눕고 나서야 그동안 엄마가 얼마나 대단한 일을 했었는지 알게 됐다. 엄마가 매년 보내주던 김장 김치, 참기름, 가끔 들려주던 씩씩한 목소리가 뚝 끊기면서 갑자기 내 일상도 휘청거렸다. 부모님에 대한 걱정과 불안으로 한동안 일이 손에 잡히지 않았다. 덕분에 지금은 엄마가 살아 있는 것만으로도, 잘 움직이지 못해도 숨 쉬고 있는 것만으로도 감사하게 됐다. 내 전화를 받아주고 함께 얘기할 수 있는 것만으로도 엄마는 나를 살게 해주고, 내 힘이 돼주는 존재라는 걸 실감했기 때문이다.

그래서 세상에 그냥 집에서 노는 엄마는 없다. 온 가족의 중심으로 살아내느라, 가족들이 자기 삶을 살 수 있도록 중심 잡느라 사실은 하루 종일 애쓰는 거다. 그렇게 우리는 모두 너무나 소중한 리더십을 발휘하면서 살아간다.

물론 젊었을 때는 내가 중심이라는 생각을 못 한다. 매일같이 휘청휘청 흔들리니까. 그런데 엄마 노릇도 계속하다 보면 애가 크듯이 나도 같이 커간다. 그러면서 자연스럽게 단단한 중심을 잡아간다. 그런데 만약 엄마라는 중심이 병이 들면? 가족 전체가 늘 흔들릴 수밖에 없다. 심하면 궤도를 벗어나 블랙홀에 빠질 수도 있다. 그러나 아무리 어려운 상황이라도 엄마가 자존감을 잃지 않으면 흔들리다가도 다시 중심을 잡게 된다.

그렇게 엄마의 리더십은 성과를 내지 않아도 사회적으로 성공하지 않아도 그 자리에서 단단하게 중심을 잡아주는 것만으로도 충분하다. 특히 자식들 문제를 상담할 때 빛을 발한다. 자존감을 바탕으로 한 엄마의 해석은 자식에게 가장 강력한 위로가 된다. 그 역할은 엄마가 아니면 이 세상 그 누구도 해줄 수가 없다.

•

한 번도 행복한 적이 없었다고 느껴질 때

정작 문제는 엄마 자신의 자존감이다. 자녀들을 위해 희생하며 살다 보면 어느새 자신을 놓치고 살기 마련이다. 자녀들을 가르치기 위해 엄마 본인은 하고 싶은 것, 가고 싶은 곳, 배우고 싶은 것 등 모든 것을 다 아끼고 살게 된다. 그러다 막상 어느 시간이 되면 깊은 질문 속에 빠져 있는 자신을 발견하게 된다.

'나는 뭐 하고 살았지?' 심지어 '나는 단 한 번도 행복했던 순간이 없었던 것 같다'라는 극단적인 결산마저 하게 된다. 그러면 자연스레 '나 우울증인 것 같아'라는 말이 나온다. 하루 종일 시도 때도 없이 눈물이 나고 서럽고 후회스럽다. 텅 빈 자신을 마주하게 되는 시간인 것이다.

그런데 잘 해석해보면 '나 뭐 하고 살았지?'는 의미 있는 감정이다. 자신을 사랑하기 때문에 무기력하게 나이 들어가는 것을 보고 싶지 않다는 문제 제기니까. 사람이 자신에게 깊이 들어가 자신의 인생을 찬찬히 거슬러 여행을 하다 보면 자연히 깊은 곳에서 침잠하게 된다. 그것이 겉으로 우울증처럼 보일 뿐이다. 그러나 그것은 우울증이 아니라 자신에게 '너 이렇게 살아도 좋아?'라는 질문일 뿐이다. 그 질문에 치열하게 대답을 하면 이 감정도 자연히 흘러간다.

또한 '한 번도 행복했던 적이 없었던 것 같다'라는 생각도 다르게 해석해볼 필요가 있다. 가족의 관점에서 보면 엄마라는 역할에서 보면 행복했던 것이 맞다. 그러나 어느 순간 프레임이 바뀐 것이다. 가족이 아닌 '나'라는 관점으로. 그 프레임으로 다시 봤더니 내가 나 자신의 행복을 위해서 애써본 적도, 그래서 뭔가 행복했던 적이 없었다는 사실을 마침내 알게 된 것이다.

종합해보자면, 이건 엄마의 자존감이 바닥을 치고 있다는 증거다. 이런 증상이 있다면 이건 나를 찾고 나의 자존감을 회복할 소중한 기회로 삼아야 한다. 아무리 힘들더라도 나 자신이 수십 년 만에 던진 질문, '너 이렇게 살아도 좋아?'에 답을 해야 한다. 여기에 답을 해내면 자존감도 다시 살아난다.

가끔은 뒷모습을 보자

몇 달 전, 나도 엄마 리더십에 심각한 위기를 겪었다. 사회생활을 하면서도 느껴본 적 없었던 우울감이 나를 위협했다. 어느 날 갑자기 찾아온 갱년기 때문이었다. 몸이 아프니 내가 지금까지 뭐 하고 살았나 싶고 이렇게 죽어라 돈 벌고 살아야 별거 없구나 싶은 생각만 들었다. 어깨 통증, 허리 통증 게다가 무릎까지. 심장이 벌렁거려 혼자서 일어나 쓸쓸히 불안에 떨며 잠을 설치고 아침이면 만사가 다 귀찮았다. 집에서 나도 모르게 짜증을 내고 아이들의 얘기도 귀에 들어오지 않았다.

매일 지속되는 물리치료… 그래도 내 몸은 쉽게 나아지지 않았다. 물리치료를 받던 어느 날, 문득 이런 생각이 들었다. '앞으로도 계속 이렇게 병원 다니면서 살아야 하나? 이제 50대 초반인데 벌써 내 몸이 이 지경인가?'

그날 많은 생각 끝에 나는 헬스클럽으로 향했다. 내 몸을 내가 제대로 만들어서 활력 있게 나이 들자고 결심했다. 운동 첫날 트레이닝복을 입고 사진을 찍었다. 몇 개월 후 나의 변화된 모습을 확인하기 위해서 지금의 내 모습을 코치에게 찍어달라고 부탁했다. 앞모습은 그간 많이 봐온 그 모습 그대로였다.

하지만 내가 경악한 부분은 뒷모습이었다. 너무나 생경한 모습. 내가 아닌 것 같은 내가 사진 속에 있었다. 어깨는 부어오른 듯 목덜

미의 반쯤까지 올라와 있고, 견갑골 옆 부분은 지방으로 잔뜩 부풀어 있고, 등허리 부분은 굽어 있었다. 아! 내 등이 이랬구나, 내가 이렇게 늙어가고 있었구나. 30년 이상 돈을 벌고 아이를 키우면서 내 등에 지웠던 짐들이 고스란히 사진 속에 있었다. 물끄러미 사진 속의 나를 보다가 결국 눈물을 터뜨리고 말았다.

'너무 가엾다….'

이제 내 등을 위로하며 살고 싶어졌다. 그날 이후로 나는 매일 운동을 한다. 몇 달째 운동을 하면서 몸에 활력이 생기기 시작했다. 물론 체중도 줄었고 어깨, 무릎 등의 통증은 거의 다 사라졌다. 요즘 나는 친구들을 만나면 마치 전도사처럼 부르짖는 말이 있다.

"네 등, 한 번도 못 봤지? 제대로 정면으로 마주 대한 적이 없을 거야. 뒤에 붙어 있으니까. 매일 앞만 보잖아. 화장만 대충 해도 어느 정도 멀쩡해 보이니까 나도 내 모습이 아직 괜찮나 보다 여겼어. 그런데 뒷모습을 사진 찍어서 보니 그게 착각이란 걸 알겠더라. 너도 꼭 네 뒷모습을 찍어봐. 네 등을 보면 한동안 방치했던 네 진짜 삶이 보일 거야. 가엾을 거야. 이제는 앞만 보지 말고 네 등을 위로하면서 살아야 해."

갱년기는 나에게 불안한 우울증으로 다가왔지만 사실 그 안에 담긴 진짜 뜻은 '너 어떻게 살래?'라는 질문이었다. 나는 내 인생의 가장 적절한 때 나에게 온 질문에 치열하게 답했다. 매일 내 몸을 보살피고 활력 있게 유지하고 앞으로의 나이듦을 준비하기 시작했다. 그 덕분에 우울한 감정은 다 사라졌다.

요즘엔 더 활력 있고 날씬한 몸을 맘껏 뽐내고 싶어서 그간 입고 싶었던 옷들을 직접 만들어 입는다. 물론 내 안에 있는 자존감은 두 배로 컸다. '지금 이렇게 갱년기라는 질문에 답을 했으니 앞으로 또 어떤 변화가 와도 지금처럼 제일 좋은 답을 찾으면서 살아낼 거야'라는 자신감이 생겼다.

내가 자존감을 회복하니 가족들도 안정을 찾고 더 이상 흔들리지 않았다. 이렇게 엄마가 중심을 잡고 스스로 괜찮은 사람으로 살아내는 것이 엄마 리더십이다. 엄마가 스스로를 잘 붙잡는 힘만 있어도 자식들 문제의 반은 해결된다. 끝까지 단단하게 나를 붙잡고 사는 힘, 엄마 리더십으로 힘 있게 살자.

엄마의 자존감 나이는 몇 살인가?

"내 자식인데 왜 그렇게 미운지 모르겠어요."

"피곤한데 밥 달라고 울면 화가 벌컥 나요."

"얘가 내 인생의 발목을 잡는 것 같아 속상해요."

많은 엄마들이 이런 얘기를 하면서 눈물 흘린다. 나는 엄마도 아니라며 죄책감에 시달린다. 그런데 애들 셋 키워본 내가 보기엔 다 괜찮다. 당신은 마녀도 아니고 못된 엄마도 아니다. 원래 그런 거니까 자책할 필요가 없다.

아이는 없던 존재가 태어나는 거다. 그럼 아이를 키우는 '엄마라는 존재'도 새로 탄생한다. 단지 애를 낳은 생물학적인 엄마가 아니라, 속까지 송두리째 엄마라는 존재로 다시 태어나는 거다. 그러니 30년간 '여자'로만 살아온 당신이 얼마나 헷갈리고 힘들까.

게다가 아기는 어리니까 한 30년 봐주는데, 엄마는 어른이라고 엄마 노릇 첫날부터 안 봐준다. 낳자마자 젖도 잘 먹이고, 이유식도 잘 만들고, 애도 씻길 줄 알아야 한다. 그건 사실 신입 사원한테 임원 노릇 하라는 거랑 다를 게 없다. 정작 나는 아무것도 아는 게 없는데…. 그래서 아이를 낳으면 엄마들은 죄책감과 우울증에 오랫동안 시달릴 수밖에 없다. 그럴 땐 그냥 인정해버리는 게 낫다. 나는 이제 엄마라는 존재로 태어난 지 얼마 되지 않았고, 엄마라는 일도 사실은 처음 해보는 거라고. 겨우 세 살짜리 엄마라고.

나도 예전에는 정말 어설픈 죄책감에 많이 시달렸다. 특히 큰애가 갓난아기일 때 워낙 예민해서 키우기가 너무 힘들었다. 어찌나 재우는 게 어렵던지 매일 밤을 꼬박 새우기를 밥 먹듯이 했다. 게다가 아이를 재우려면 무조건 업고 집 밖으로 나가서 걸어야만 했다. 이제 좀 자나 싶어 살짝 계단 위에 발을 올려놓으면 귀신같이 알고 울음을 터뜨리곤 했다. 그때의 짜증과 막막함이란. 정말 울고 싶은 건 나였다. 너무 피곤한 날에는 '내가 왜 애를 낳은 거야. 이러고 어떻게 살아?'라는 생각이 저절로 들었다. 때로는 그 조그만 머리를 쥐어박고 싶을 만큼 화가 난 적도 셀 수 없이 많다. 그러다가 또 흠칫 '나 엄마 맞아?'라며 죄책감에 시달리곤 했다.

그렇게 어설펐던 내가 베테랑 엄마가 되는 데 30년 걸렸다. 누구나 괜찮은 엄마가 되는 데 그 정도 시간이 걸린다. 아이가 초등학생이 되면 엄마도 초등학생이고 아이가 사춘기면 엄마도 사춘기를 맞는다. 사춘기 아이가 유독 힘든 이유는 그때쯤 우리도 '엄마 사춘기'

를 맞기 때문일지도 모른다. 엄마 왜 나를 낳았어요? 글쎄, 나도 잘 모르겠어. 엄마, 나 집 나가고 싶어요. 나도 마찬가지야. 나 역시 사춘기 아이의 인생 문제를 감당하기가 너무 힘에 겨웠다. 아들보다 서른 살이나 더 많은 내가 아들 문제조차 제대로 해석하지 못하고 휘둘리고, 어느 순간은 아들보다 더 두려워했다.

'미치겠다. 저놈 자퇴하면 중졸인데, 나 어떡하지?'

그러다가 어느 순간 이런 생각이 들었다.

'내 나이가 둘째보다 서른 살이나 많은데 왜 난 열다섯 살 문제도 해결을 못 할까? 엄마로서 자존감 나이가 있다면 내가 혹시 아들보다도 못한 게 아닐까?'

엄마인 내가 사춘기 아이의 문제를 제대로 감당하지 못한다는 것은 아들보다 자존감 나이가 낮다는 증거였다. 결국 나는 내 자존감의 나이를 내 나이답게 높이는 수행을 통해 아들의 문제를 해결해나갔다. 아들과 함께 고난의 시간을 견디고, 불행을 해석하면서 나는 엄마로서의 자존감 나이가 얼마나 중요한지를 깨달았다.

내가 아는 후배는 지금도 엄마의 낮은 자존감으로 입었던 상처를 여전히 안고 살아가고 있다. 엄마가 어려서부터 딸들이 자신의 기대치만큼 자라주지 않을까 봐 늘 전전긍긍했고 조그만 문제가 있어도 혼자서는 아무것도 감당하지 못했다. 자주 신경질을 내는 것은 물론이고 별것 아닌 문제에도 늘 큰소리로 야단을 쳤다. 칭찬받을 순간 칭찬받지 못하고, 부당한 야단을 들으면서 딸은 조금씩 비뚤어지기 시작했다. 성품이 강한 편이었던 큰딸은 사춘기에 접어들면서 엄마의 부당한 대접에 분노하기 시작했고, 친구들과 어울리며 온갖 비행을 저질렀다. 수년간 그렇게 분노하며 엄마로부터 자신을 지키려고 발버둥 쳤던 후배는 다행히 그 힘으로 자신을 일으켜 세웠다.

반면에 성품상 강하지 못했던 동생은 지금도 자존감이 거의 바닥 수준이다. 매사에 자신감이 없는 것은 물론 미래에 대해 어떤 꿈도 꾸지 못한다. 그 후배가 내게 해준 말이 있다.

"우리 엄마는 정말 자존감이 낮은 여자였어요. 나이가 들어 결혼을 하고 보니 엄마라는 여자가 제대로 보여요. 아직도 엄마는 집안에 일이 생기면 자식인 저보다 더 불안해하고 아주 부정적인 결론을 내려요. 감당할 힘이 없는 거죠. 그래서 지금은 엄마를 일곱 살처럼 대해요. 조금이라도 불안하게 만들 이야기는 입을 다물고 고민이 있어도 엄마와는 상의하지 않아요."

후배는 자상한 남편도 만나고 행복한 삶을 살고 있지만 여전히 쓸쓸한 부분이 남아 있다. 서른다섯 살도 아기처럼 엄마한테 묻고 위로받을 일이 있는데 그걸 해줄 대상이 없는 것이다.

엄마가 엄마답기 위해서는 신체 나이만 먹을 게 아니라 스스로 자존감 나이를 먹어야 한다. 40대면 40대에 걸맞은 스스로 괜찮은 사람이라는 확신, 잘 살고 있다는 자신감이 있어야 자존감도 나이와 걸맞은 수준이 된다. 나는 가끔 아이들과 여러 문제를 상의하고 해결해 나갈 때마다 늘 생각한다.

'지금 몇 살짜리 자존감으로 이 대화를 하고 있는 거지? 혹시 내가 내 아이들보다 더 낮은 수준으로 대화하고 생각하는 것 아닐까?'

엄마는 아이보다 나이를 더 먹어서 든든한 게 아니다. 아이보다 두둑한 자존감 나이를 먹어서 든든한 것이다. 든든한 엄마를 둔 자녀와 빈약한 엄마를 둔 자녀는 어렸을 때부터 삶을 대하는 기본자세가 다르다. 아이가 매사 자신감이 없고 무기력하다면 엄마인 나의 자존감 나이를 먼저 들여다봐야 한다.

'내 자존감 나이는 과연 몇 살인가?'

모든 모성은 옳다

조금 부끄러운 고백이지만 살면서 스스로에게 가장 자주 했던 질문이 하나 있다.

'나 진짜 엄마 맞아?'

'나는 모성에 문제 있는 여자 아닐까?'

일, 성취, 자신감 이런 종목들은 나름대로 상위권이라고 생각했지만 모성만 놓고 보면 늘 하위권이 분명했기 때문이다. 밥하기 과목이 있다면 분명 낙제다. 애들 학원 데리고 다니기도 빵점이고 애들 학교 찾아가기, 행사 참석하기도 전부 최하점이다. 보통의 전업 맘들과 비교해 보더라도 나는 형편없는 '모성 낙제생'이었다.

그래서 그동안 자녀 교육에 대한 강의 요청이 와도 고사할 수밖에 없었다. 그건 전교 꼴등이 입시 강의하는 것과 다를 바 없었으니까.

오히려 내가 배워야 했으니까. 그렇게 오랫동안 나는 마음 한편에 죄책감을 갖고 살았다.

그런데 애들이 크면 클수록 마음속에 이런 의문이 들기 시작했다.

'나는 그럼 다른 엄마들처럼 학교 찾아다니고 학원 챙겨 보내고 밥해 먹이는 거 다 잘할 수 있었는데 일부러 안 한 건가?'

생각해보니 그건 아니었다. 나는 안 한 게 아니라 정말 못 한 거다. 애들 밥을 해주기 위해, 학원을 돌리기 위해 일을 그만두고 집에 있는 건 일단 성품상 도저히 불가능한 일이었다. 게다가 아이들 이외에도 친정 부모님 등 내가 경제적으로 돌볼 사람들이 적지 않았다. 전업주부로 살아가기에는 당장 돈 들어갈 데가 너무 많았던 것이다.

그 대신에 나는 내 상황과 성품에 맞는 엄마 노릇을 해왔다. 전날 아무리 늦게 들어가도 늘 새벽에 일어나 아이들 등교를 챙기고 학교 잘 다녀오라고 등을 두드려주었다. 그리고 아이들이 힘든 고비를 넘을 때마다 지치지 않고 끊임없이 대화를 했다. 아들이 자퇴하고 힘들 때 온 마음을 다해서 지하 10층에서 올라올 수 있도록 옆에 있어줬고, 살면서 큰딸에게 여러 고민이 생길 때마다 함께 숙제를 풀었다.

물론 애들이 어렸을 때 다른 집 엄마들과 비교하며 나를 속상하게 할 때가 왜 없었을까. 그러나 고맙게도 철이 들면서 아이들은 '김미경식 엄마'에 완벽히 적응했고 거기에 맞는 아들, 딸 역할을 해줬다. 우리 집에서는 공부하고 강의하고 밖에서 뛰는 엄마가 훨씬 자연스럽다. 오히려 집에 있으면 요즘 강의가 없냐며 걱정해줄 정도다. 그리고 스스럼없이 인정한다. 우리 엄마의 모성은 약간 독특하고 옆집과 다르지만 최선을 다해 우리를 키웠고, 전혀 문제가 없었다는 것을. 그러나 이 과정이 다 지나가기까지 버틴다는 것이 사실 쉽지는 않았다.

나에게 맞는 모성을 찾아라

내 후배 중 하나는 오랫동안 외국계 명품 브랜드의 마케팅 담당 이사로 일했다. 그런데 애들 공부 때문에 분당으로 이사 간 뒤, 후배는 돌연 사표를 냈다. 우연히 입학설명회에 갔다가 눈에서 불을 뿜는 수천 명의 엄마들을 목격한 것이다. 그 자리에서 눈물을 흘리며 '회개'했단다.

'저 엄마들은 자식들 위해서 정보를 얻으려고 저렇게 뛰는데 나는 그동안 한 게 없구나. 내 욕심만 차린다고 애를 방치하고. 나는 정말 엄마도 아니야.'

그러고는 다른 엄마들의 모성을 따라 하기 시작했다. 돼지엄마들이 하는 그대로 고등학생 아이 옆에 찰싹 붙어서 온갖 매니저와 코치 역할을 했던 것이다. 그런데 어쩐 일인지 아이 성적은 오르기는커녕 더 떨어지기만 했다. 그러더니 하루는 아이가 진지하게 말하더란다.

"엄마가 계속 옆에 붙어 있으니까 부담스럽고 공부가 더 안돼. 난 여태까지도 엄마 없이 해왔고 앞으로도 잘할 수 있어. 그러니까 엄마도 제발 예전처럼 살아. 솔직히 엄마가 집에 있는 거 어색하고 어울리지도 않아."

결국 후배는 회사만 괜히 그만둔 격이 됐다. 아이는 이미 일하는 엄마의 모습에 적응해서 살아가고 있었는데, 정작 본인은 자신의 엄마 노릇에 확신이 없었던 것이다. 사실 거의 모든 워킹 맘은 자신의 모성에 대해서 불안해한다. 아무리 똑똑하고 능력 있는 여자도 입시 설명회에서 똑같이 레이저 광선을 쏘아대는 만 명의 모성을 대하면 위축되고 혼란스러울 수밖에 없다.

그렇지만 같은 고민을 해왔던 사람으로서 그 엄마들에게 꼭 말해주고 싶다. 당신의 모성도 맞다고. 100명이면 100명의 모성이 다 다른 게 정상이다. 모성은 타고난 성품과 주어진 운명이라는 재료가 만나 다 다르게 만들어진다. 모성은 60년짜리라서 다른 엄마의 모성을 흉내 낼 수가 없다. 누군가의 모성이 좋아 보여서 이삼일은 따라 할 수 있어도 결국 내 성품과 안 맞는다면 스트레스만 받게 된다. 죄책감에 시달리는 모성도, 스스로 행복하지 않은 우울한 모성도 결국 아이에게 좋은 영향을 미칠 수 없다.

물론 자신의 모성이 어떤 색깔인지는 애를 낳아봐야만 안다. 내 주변에도 종종 사회생활이 힘드니 집에서 애나 키우겠다며 임신과 동시에 회사를 그만두는 여자들이 있다. 그런데 정작 애를 키워보니 상상했던 것과는 너무 다른 현실에 우는 엄마들이 적지 않다. 그래서 회사를 다닐지 말지는 3개월 육아휴직을 해본 후 결정하는 게 좋다.

그렇게 워킹 맘이든 전업 맘이든 10년 해보면 나만의 모성이 선명하게 자기의 색깔을 드러낸다. 이런 엄마 노릇이라면 죽을 때까지 잘할 수 있고, 아이들도 내 방식 안에서 키울 거라는 확신이 생기기 시작할 것이다.

　60년 모성의 저력은 결국 성품에서 나온다. 내 모성이 맞나 걱정하는 엄마가 있다면 일단 내 성품부터 들여다봐야 한다. 우리는 애 낳고 엄마가 된 거지, 엄마로 태어난 게 아니다. 그런데 우리 사회에서는 아직도 아이를 낳는 순간 나는 사라지고 모성만 남을 것을 강요한다. 김치찌개와 된장국으로 대변되는 짠한 엄마 노릇, 미디어가 만들어내는 한 가지 모성이 전부인 양 얘기한다.

　그러나 우리 모두는 각자의 성품과 상황에 맞는 모성을 가졌을 뿐이다. 평생 김치를 손수 담가 먹인 엄마의 모성도 맞고, 김치는 하기 힘드니 사다 먹이는 모성도 옳다. 집에 있으면서 아이들 키운 모성도 맞고, 퇴근 후에 아이들을 보살핀 엄마의 모성도 맞다.

　어떤 모성이든 반성하고 수정해야 할 각자의 문제는 다 있기 마련이다. 그건 어차피 누구나 아이들과 평생 풀어가야 할 숙제들이다. 한 가지 분명한 것은 내 모성에 문제가 있다고 원초적으로 부정하는 것이 아이에게 가장 나쁜 모성이 될 수 있다는 것이다. 만 명의 엄마가 있으면 만 명의 모성이 있는 게 정상이다. 나와 가장 잘 어울리는 엄마 노릇, 오래도록 행복하게 유지할 수 있는 엄마 노릇이 세상에서 제일 좋은 모성이다.

막내의 토토로 도시락

"엄마, 나 내일 일찍 일어날 거야.
현장 학습 가는데 도시락 내가 쌀 거야!"

막내가 싼 토토로 모양 도시락.
엄청 귀엽네요.
우리 집 아이들은 모두 음식 솜씨가 참 좋아요.
어려서부터 바쁜 엄마를 대신해 스스로 해 먹어 버릇해서죠.

엄마에게서 배운다는 건
잘하는 것만 본받는 것이 아닙니다.
엄마의 부족한 점을 채워주다가도 그 힘이 자랍니다.

늘 부족하고 제대로 밀어주지 못한다고
죄책감 갖지 마세요, 엄마들!

아이들이 나의 부족함을 채우려 애쓰는 순간,
그저 '미안해'라고 하기보다는 '고마워'라고 말해주세요.

산후우울증이
던지는 질문,
'그럼 나는?'

여자들이 꿈에 대해 언제 처음으로 진지하게 고민할까? 결혼 전, 자유로운 싱글일 때 열심히 꿈꿀 것 같지만 현실은 그렇지 않다. 결혼 후 아이 낳고서 고민하는 경우가 훨씬 더 많다. 오히려 싱글일 때는 내가 어떻게 살고 싶고, 뭘 하고 싶은지 잘 생각하지 않는다. 결혼 전, 가장 하고 싶은 게 뭘까? 결혼이다. 아이 낳기 전에는 그렇게 애를 낳고 싶다. 이상하게 뭐든지 다 할 수 있을 때는 오히려 구속되고 싶어 한다. 그런데 '뭔가를 할 수 없는 환경'에 들어가면 그때부터 하고 싶은 게 계속 생각난다.

막상 아이라는 생명을 기르게 되면 처음으로 나라는 생명을 돌아보게 되기 때문이다. 내 에너지와 시간을 새 생명에게 다 주고 있으면 저절로 스스로에게 묻게 된다. '내 꿈은 뭐지? 난 이렇게 계속 살아야 하나? 난 어떻게 살아야 하지? 그럼… 나는?' 그 질문이 겉으로 나타나는 게 바로 '산후우울증'이다.

많은 엄마들이 산후우울증을 굉장히 두려워하고 안 좋게만 본다. 그런데 산후우울증이 오는 이유가 나라는 생명을 돌아보라는 거다. 우울증으로 왔지만 나한테 온 너무나 중요한 질문이다. 이런 질문이 나오는 건 사실 너무 자연스럽다. 어렸을 때 사춘기를 겪는 것처럼 산후우울증을 겪는 것도 어찌 보면 당연한 코스다. 나 역시 그랬다. 20대에 큰애를 덜컥 낳자 어느 날 가슴이 '쿵' 내려앉았다. '그럼 나는?'이라는 질문이 자연스레 떠오르면서 거기에 대한 답을 찾아가기 시작했던 것 같다.

중요한 것은 내 마음이 물어봤을 때 그걸 우울이나 분노가 아니라 질문으로 처리해야 한다는 것이다. 많은 엄마들이 우울이라는 감정에만 집중하지 내가 왜 우울한지, 내 마음에서 어떤 소리가 들리는지는 고민하지 않는다. 젖 먹이기도 싫고, 남편 보기도 짜증 나고, 애는 왜 낳았나 싶은 내 순간순간의 감정에만 신경 쓰는 것이다. 그러나 정말 이 문제를 해결하려면 감정에 집중하지 말고 답에 집중해야 한다.

문제는 많은 엄마들이 그걸 입 밖으로 꺼내는 것조차 무서워한다는 것이다. 왜냐면 그 질문 자체를 이기적이라고 생각하거나 모성이 부족하다고 생각하니까. 그 질문에 답을 구하려고 애쓴다는 것 자체가 엄마 자격이 없다고 생각한다. 그러나 엄마이기 이전에 한 인간으로서 그건 너무나 자연스러운 질문, 인생에 꼭 필요한 질문이다. 그러니 산후우울증이 왔을 때 죄책감을 느끼거나 두려워 말고 '그럼 나는?'에 대한 답을 하나씩 찾아보면 어떨까.

나 역시도 엄마로 사는 30년의 여정은 아이를 돌봄과 동시에 '그럼 나는?'이란 답을 찾는 과정이었다.

만일 결혼하지 않고 혼자서 살았다면 '그럼 나는?'이라는 질문에 더 수월하게 답을 찾을 수 있었을까? 지금 생각해보면 오히려 엄마로 살았기 때문에 그 답을 더 치열하게 찾았다고 믿는다. 엄마가 되면 묘하게도 없던 힘이 생긴다. 절대 해내지 못할 일도 해내고, 용기도 몇 배가 된다. 그건 운동을 해봐도 안다.

요즘 나는 헬스클럽에서 PT를 받고 있는데 코치가 있는 것과 없는 것의 운동량 차이는 하늘과 땅 차이다. 코치가 옆에서 "자, 마지막 다섯 개만 더 하세요"라고 말하면 정말이지 너무 힘들어 욕이 나올 지경이다. 그래도 옆에서 하라니까 젖 먹던 힘을 다해서 다섯 번을 더 들게 된다. 사실 근육은 바로 그 죽을 것 같은 '다섯 개 더'에서 생긴다. 혼자였다면 70퍼센트도 못 쓸 힘을 코치가 채근함으로 인해 120퍼센트까지 쓰게 되는 것이다.

엄마로 사는 게 절대 손해가 아니고 이익이 되는 것이 바로 그런 이유 때문이다. 사실 엄마가 된다는 것 자체가 인생 절호의 찬스이고 소중한 기회. 나도 결혼 후에 아이를 낳으면서 책임감이 뭔지, 최선을 다한다는 게 뭔지 알았다. 결혼 전에는 최선을 다할 이유가 별로 없다. 돌이켜보면 나도 돈 벌면 신발 사 신고, 친구들하고 노는 데 다 썼다. 내가 직접 나서서 내 삶을 변화시킬 이유가 하나도 없었다. 그때는 막연히 '좋은 남자 만나면 변하겠지, 아이를 낳으면 저절로 좋은 엄마가 되겠지'라고 생각했다. 그런데 막상 해보니까 결혼해도 변하는 게 없고 아이 낳는다고 저절로 좋은 엄마가 되는 것도 아니었다. 저지르기만 했지 수습되는 게 하나도 없다는 걸, 아이 낳고 몇 년 지나서야 알았다.

'지금까지 하나도 안 변했으니까 앞으로도 안 변하겠구나. 지금까지 나는 최선을 다한 게 아니었구나. 지금 수습하지 않으면 나중에 나이 들어 밀린 숙제가 돼서 엄청 힘들겠구나.'

그걸 깨달으면서 최선을 다하는 노력을 시작했던 것 같다. 처음에는 최선을 다하는 게 어떤 건지도 잘 몰랐다. 해봐야 그게 최선을 다한 게 아니라는 걸 깨닫게 된다. 그렇게 작은 노력들이 합쳐져서 나이 육십에 '나는 최선을 다해서 살았다'가 되는 것 같다. 그래서 최선은 평생 쌓아가는 거지 한 번에 되는 게 아니다.

지금 돌이켜 생각해보면 엄마라는 건 힘든 일이긴 했지만 아무 생각 없었던 스물다섯 살 김미경에게 최선을 다해 살라는 명령이자, 한 인간으로 성장할 수 있었던 소중한 기회였다는 생각이 든다. 세상에서 나를 사람 만들어준 역할, 나를 성장시켜준 최고의 기회였던 엄마. 나는 오늘도 내가 엄마라는 사실에 감사한다.

나만의
자존감 지지대를
만들어라

몇 년 전부터 내게는 새로운 취미가 생겼다. 사실은 건강 때문에 반강제적으로 하게 된 '운동'이다. 이유 없이 목과 등 근육이 뭉치는 데다 갱년기가 겹치면서 온몸이 안 아픈 데가 없었다. 처음에는 살기 위해 억지로 한 운동이지만 하다 보니 점점 재미가 붙었다. 살도 빠지고 근육이 생기면서 몸에 힘이 붙는 게 확실히 느껴졌기 때문이다.

그렇게 달라진 몸을 보니, 운동을 안 했으면 정말 아플 뻔했다는 생각이 들었다. 매일 아픈 내 몸만 보고 있었을 테니까 '오늘은 왜 쑤시지? 어디가 아프지? 병원에 가야 하나?'라는 생각만 계속했을 거다. 그렇게 아프고 쓸쓸하고 힘겨워하는 나만 관찰하고 있었으면 마음까지 매일 가라앉을 뻔했다. 그런데 점점 날씬해지고 건강해지는 나를 보고 있으면 삶에 활력이 생긴다. 나는 그런 게 바로 진짜 취미라고 생각한다. 1년에 한두 번 하는 독서가 아니라 '어제보다 조금 나아진 나를 만날 수 있는 일상의 활동', 이것이 내가 생각하는 취미의 정의다.

그렇게 보면 나는 취미가 꽤나 많다. 매일 하고 있는 영어 공부도 훌륭한 취미다. 몇 달 전보다 발음도 좋아지고 안 들리던 드라마가 들리는 게 너무 재미있다. 매일 아침, 옥상 텃밭에서 주렁주렁 매달린 방울토마토며 오이고추에 물을 주고 있으면 나도 같이 크는 것 같아 콧노래가 절로 나온다. 내가 성장하고 있다는 걸 알려주는 취미를 나는 적어도 두 가지 이상은 늘 갖고 있었다. 밥벌이도 아니니 뭐 하나 하다 지루해지면 다른 걸 해야 하니까.

이런 취미는 누구에게나 좋지만 그중에서도 '강추'하는 대상이 있다. 아이 낳은 지 얼마 안 된 30대 엄마들이다. 모든 엄마들은 애를 낳으면 다 '신생아 상태'가 된다. 아이와 스케줄이 똑같으니까. 먹고 자고, 또 먹고 자고. 그러다 보면 애랑 심리가 똑같아진다. 나도 모르게 자꾸 남편에게 전화해서 물어본다.

"여보 언제 와?"

그런데 이 남자가 일찍 안 들어오면 화가 머리끝까지 난다.

'애는 나 혼자 낳았나? 하루 종일 애랑 좁은 집에 갇혀 사느라 말도 제대로 못 하고, 여름에 샤워도 제대로 못 하는데 일찍 와서 애를 봐줘야지. 나 혼자 어쩌라고!'

결혼 전에는 그렇게 원했던 아이였는데 막상 아이를 키우다 보면 의지할 건 남편밖에 없다. 일찍 들어와서 애도 보고 같이 커피라도 마시면서 저녁 시간을 보내주면 좋으련만 남편들이 어디 마음대로 움직여주나. 결국 대판 싸우고 울고불고 난리가 난다. 그런데 아이러니하게도 그러면 둘째가 바로 생긴다. 싸운 거 풀려다가 자칫 연년생 엄마 되기 쉽다.

이래서 나는 우울해하는 젊은 엄마들한테 늘 말한다. 뭐라도 좋으니까 아무거나 하라고. 나처럼 재봉을 하든지, 천연 양초 만들기를 하건, 운동을 하건, 자격증 공부를 하건 뭐라도 좋다고. 뭔가 내가 배우는 게 있고, 같이 크는 느낌을 주는 것이면 된다고. 그런 취미를 하나 가지면 내 성장과 만날 수 있는 나만의 시간이 너무 소중해진다.

그러면 자연히 남편한테 몇 시에 들어오냐고 안 묻게 된다. 오히려 남편이 일찍 들어올까 봐 걱정이다. 내 시간을 온전히 내가 꾸려가고, 내가 나를 키워갈 수 있기 때문이다. 또한 나한테 몰입하면 다른 사람에 대한 의존이나 원망도 훨씬 덜해진다.

●

첫애를 낳고 시작된 강사의 꿈

물론 이 대목에서 엄마들이 늘 하는 말이 있다.

"저도 그러고 싶은데 애 키우느라 시간이 없어요."

밤낮 구분 못 하는 신생아 때는 당연히 시간이 없다. 그러나 돌 지나고 수면 시간이 안정되면 잠깐씩이라도 내 시간을 일부러 만들어야 한다. 나 자신을 아이들의 '24시 편의점'으로 방치해선 안 된다는 것이다. 그러려면 애를 밤늦게까지 두지 말고 9시에는 재워야 한다. 처음에는 힘들겠지만 습관이 잡히면 아이가 9시만 되면 졸기 시작한다. 아이들이 잠들고 나면 그 이후부터는 온전히 나만의 시간이 된다.

그러다 애들이 어린이집, 유치원 가기 시작하면 낮에도 시간이 나기 시작한다. 애를 데려다주고 데려오는 시간 빼놓고도 두 시간에서 네 시간 정도 여유가 생긴다. 그런데 많은 엄마들이 그토록 열망하던 나만의 시간을 '아이 기다리는 시간'으로 보낸다. 뭘 하기에는 시간이 애매하다며 옆집과 수다 떨거나 휴대폰만 본다. 그러면서 한편으로는 자신감이 없다며 우울해한다. 더 이상 시간 없다는 평계로 내 자신감이 계속 떨어지는 것을 방치해서는 안 된다.

내가 강사가 되기로 마음먹은 것은 첫애를 낳은 이후였다. 나는 무조건 아이를 9시에 재우고 밤에 강의 준비며 공부를 다 했다. 이이 돌보면서 피아노 학원도 운영하고 자투리 시간에 공부하고, 강의도 들으러 다니면서 나를 키워나갔다. 아이 가진 엄마에게 시간은 양보다 질이다. 단 한 시간이라도 몰입하면 생각보다 많은 일을 할 수 있다.

우리나라에서 여자들이 창업을 가장 많이 하는 나이가 40대다. 20대는 환상이 있다. 남편이 내 인생을 드라마틱하게 바꿔주지 않을까. 30대는 그 정도는 아니지만 남편이 뭔가 해낼 것 같은 기대가 남아 있다. 그러다 40대가 되면 비로소 현실을 깨닫는다. 우리 집에서 내가 제일 쓸모 있구나. 내가 직접 벌어야겠다.

사실 여자의 40대는 창업하기 정말 좋은 나이다. 한 인간으로서 무르익어 똑똑하고, 저력도 있고, 기운도 넘친다. 내 주변에도 40대에 창업한 여성 CEO들이 참 많다. 그런데 그분들의 공통점은 30대부터 나를 키우는 연습을 시작했다는 것이다. 30대에 나를 성장시키는 데 생소하면 40대에는 더 생소해진다. 어차피 나이가 들수록 아이들은 떠나고 내 시간은 주체할 수 없을 만큼 많아진다. 그럴 때 나를 어떻게 데리고 살지 모르면 자연히 외롭고 우울해질 수밖에 없다. 그러니 한 살이라도 젊을 때 스스로 크는 연습을 해보자. 대단한 것을 하라는 게 아니다. 당장 나가서 돈을 벌라는 얘기도 아니다. 말 그대로 부담 없이 할 수 있는 취미면 된다. 이것저것 하다 보면 몰랐던 재능도 발견하고, 어떻게 하면 잘되겠다는 방법도 스스로 깨닫게 된다. 취미라고 절대 얕볼 게 아니다.

내 몸을 현실에서 움직이고, 작은 것이라도 이뤄보는 연습을 하다 보면 어느새 내 꿈과 가까워져 있다. 10년 정도 시간이 쌓인 무르익은 취미는 전문가의 품격이나 내공에 결코 뒤지지 않는다. 그렇게 성장 훈련을 한 엄마들은 자존감의 중량도 달라진다.

●

자존감은 몸에서 꺼내 쓰는 것이다

살다 보면 수없이 흔들리고 내가 보잘것없이 느껴지는 순간들이 있다. 그건 전업 맘이든 워킹 맘이든 똑같다. 일하는 여자들도 생계를 위해 죽도록 뛰긴 하는데 가끔 돌아보면 쓸쓸하고 여태까지 뭐 하고 살았나 싶다. 전업 맘들도 때때로 내가 쓸모없게 느껴지고 아무도 대접해주는 사람이 없는 것 같은 기분을 느낀다.

그때마다 우리에게는 나를 붙잡아주는 힘이 필요하다. 그건 옆집 여자가 확인해주는 것으로는 안 된다. 자존감은 옆집에 있지 않다. 자존감은 남의 몸에서 꺼내 쓰는 게 아니라 내 안에서 꺼내 써야 하는 것이다. 그러려면 스스로를 보면서 '나는 정말 괜찮은 사람이야'라고 느낄 수 있는 거울 같은 대상이 있어야 한다. 그걸 하는 동안은 스트레스 받지 않고 몰입할 수 있고 친구처럼 지낼 수 있는 나만의 '자존감 과목'이 적어도 두 개는 필요하다.

하나만 하다 보면 금방 싫증이 날 수 있다. 하다 보면 내 재능과 너무 멀어서 하면 할수록 오히려 짜증이 날 수 있다. 그럴 때 갈아타야 하니까 이왕이면 두 개 정도는 있는 게 좋다. 공부든 운동이든 취미든 무엇이라도 좋다. 나만의 자존감 과목을 계속 키워가다 보면 나중엔 그것이 내 든든한 '자존감 지지대'가 된다.

힘들고 주저앉고 싶을 때마다 양손에 잡고 다시 일어설 수 있는 지지대. 이게 있으면 삶이 쉽게 흔들리지 않는다. 애들이 속 썩여도, 남편과 싸워도, 나이가 들어도 쓰러지지 않게 중심을 잡아준다. 오히려 나이가 들수록 나에게 맞는 품격을 만들어준다. 지금이라도 늦었다고 생각하지 말고 자존감 지지대를 양손에 잡고 매일 일어서자. 그 힘으로 꼿꼿하게 나를 일으켜 세우자.

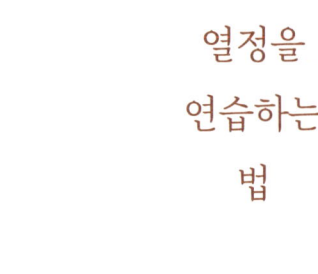

사람들은 내게 이런 얘기를 진짜 많이 한다.

"원장님은 정말 열정이 대단하세요. 강의하면서 바쁜데 어떻게 옷도 만들고 텃밭도 가꾸세요? 정말 부러워요."

"부러워만 말고 직접 해봐요. 누구나 할 수 있어요."

"아휴, 저는 못 해요. 원장님처럼 열정이 없어서."

사람들이 열정에 대해 오해하는 게 있다. 아이큐처럼 뛰어난 이가 따로 있고 처음부터 타고나는 줄 안다. 그런데 내가 생각하기에 열정이라는 건 결국 '마음의 온도'다. 육체에 체온이 있는 것처럼 마음에도 온도가 있다. 어떤 감정, 어떤 사물이나 일에 대한 집중력이 확 높아질 때 마음의 온도도 올라간다.

살다 보면 남편이나 애 때문에 갑자기 열이 확 받을 때가 있다. 좋아하는 드라마가 나오면 TV에 빨려 들어갈 것처럼 초집중하는 순간도 있다. 그런 게 바로 마음의 온도가 올라가는 거다. 마음의 온도를 올릴 수 있는 사람이라면 열정도 얼마든지 낼 수 있다. 다만 열정을 자유자재로 꺼내 쓰는 연습이 부족할 뿐이다. 일상에서 열정을 쏟는 연습을 하면 마음의 온도가 점점 높아진다. 그래서 남들 보기에 '대단한 도전'으로 보이는 일들도 일상적으로 해낼 수 있는 것이다.

그렇다면 도대체 열정 연습을 어떻게 하면 될까. 일단 '열 받는 일'을 자꾸 만들어야 한다. 열정을 육체 언어로 바꾸면 그게 바로 '열 받는 일'이다. 나는 그 연습을 재봉실에서 많이 한다. 내 재봉실은 일부러 다른 데보다 온도를 낮춰둔다. 왜냐면 속에서 열불 나는 일이 하도 많으니까. 미싱을 열심히 돌렸는데 나중에 보니 잘못돼서 다시 뜯을 때면 등에서 땀이 줄줄 흐른다. 박는 건 5분인데 뜯는 건 한 시간이다. 게다가 조금만 잘못 뜯으면 옷감에 구멍이 나기 일쑤다. 그럴 때면 어찌나 짜증이 폭발하는지 속에서 미친 듯이 열이 오른다. 옷 만든 지 3년이 다 된 지금도 재봉실에 있다 보면 열 받는 순간이 얼마나 많은지 모른다.

지금도 이럴진대 미싱 초보 시절에는 어땠을까? 그 쉽다는 에코백 하나 만드는 것도 보통 일이 아니었다. 시접 처리는 어떻게 하는 거지? 주머니를 달려면 어떻게 해야 되지? 밖에서 달려면 지저분해지니까 두 겹으로 안감을 넣어서 달면 안 보이겠구나. 박음질이 안 보이게 돼 있는 이 가방은 어떻게 만든 거지? 따라 하다가 틀리고 다시 뜯는 데 하루 종일이 모자라다. 그 과정이 얼마나 열 받는지 모른다. 이게 뭐라고 이렇게 사람 열 받게 하나 싶어 패대기치고 싶을 때가 한두 번이 아니다.

그런데 이런 실패와 성공을 일곱 번 정도 반복하다 보니 이제 웬만한 에코백은 귀신같이 만들게 됐다. 그때 주변 사람들이 뭐라고 할까?

"어머, 집에서 독학으로 에코백도 만들고, 열정이 대단하세요!"

나는 혼자 열 받아서 막 했던 일인데 남들은 그걸 열정으로 본다. 열정이 특별한 사람들만 갖고 태어나는 대단한 뭔가가 아니라는 것이다. 그리고 그렇게 마음의 온도가 올라가면 예전엔 한 번도 생각 안 해봤던 도전을 하게 된다. 에코백도 만들었는데 이번엔 치마를 한 번 만들어볼까? 패턴 구할 시간에 그냥 집에 있는 치마를 뜯어서 연구해보자. 그렇게 또 열심히 열 받다 보면 블라우스도 만들고 나중엔 코트까지 다 만들게 되는 것이다.

그렇게 내가 몇 년간 수없이 뜯고 박으면서 만든 옷이 500벌이 넘는다. 그랬더니 자연스럽게 다음에 할 일들이 떠오른다. 이참에 패션 드로잉도 배워볼까? 아예 밀라노에 가서 패션 디자인을 배워볼까? 작은 에코백으로 열정을 연습했더니 몇 년 뒤, 나는 생각지도 못한 이태리에 와 있었다.

이처럼 열정 내는 연습을 많이 해본 사람, 마음의 온도가 높은 엄마는 자존감이 높기에 다른 일을 판단하는 기준도 달라진다. 자신에 대해서도 여유도 생기고, 남편과 자식에 대해서도 작은 일에 전전긍긍하지 않는다. 반면에 마음의 온도가 낮은 엄마들은 처리할 수 있는 일이 많지 않다. 친구가 놀러 가자고 해도 귀찮아 못 가고 시어머니가 한마디 해도 일주일을 드러눕는다. 이렇게 마음의 온도가 너무 낮은 상태를 우리는 '우울증'이라 부른다.

그러니 지금 자신감이 너무 없다면, '뭔가 하고 싶긴 한데 열정이 없다'면, 복잡한 생각은 그만하자. 그리고 매일 작은 것부터 하나씩 열 받는 연습을 해보자. 원래 열정적인 사람은 세상에 없다. 다들 생활 속에서 1도씩 온도를 높여왔을 뿐. 중요한 것은 열 받지 않으면 절대 열정은 안 생긴다는 사실이다. 그렇게 열정 연습을 계속하다 보면 어느새 생각지도 못한 곳에 가 있는 자신을 발견하게 될 것이다.

오늘
하루를
꽉 채우는 법

몇 년 전, 동창회에서 오랜만에 친구들을 만났다. 다들 오십이 넘다 보니 대화 주제는 단연 '갱년기'다. 서로 어디 아픈 데 없는지, 괜찮은 병원이 어딘지 물어보고 소개시켜주는 게 일이다. 그런데 애들이 보기에 나는 그래도 멀쩡해 보이나 보다.

"미경아, 넌 어쩜 그렇게 활력 있어 보이니? 하루 종일 바쁘게 사는 것 같은데 도대체 비결이 뭐야? 오늘 만난 김에 얘기 좀 해봐. 도대체 아침부터 밤까지 하루를 어떻게 보내는지."

"글쎄, 별건 없지만 다들 궁금해하니까 얘기하지 뭐. 일단, 난 6시 전에 일어나. 그리고 옥상 텃밭에 올라가서 물을 주고 벌레를 잡지. 채소 스무 종 키우는데 매일 엄청 쑥쑥 잘 커. 보고 있으면 노래가 절로 나와."

"그거 말이 쉽지 보통 일 아닌데."

"그리고 내려와서 미치게 하기 싫은 일을 억지로 해. 인내심을 테스트하는 지겨운 숙제. 요즘은 그게 영어랑 운동이야."

"네 나이에 영어 배워서 어디다 쓰려고?"

"불확실한 미래에 대한 최소한의 내 대답, 혹은 그냥 내가 할 수 있는 가장 현실적인 준비를 하는 거지. 운동도 정말 귀찮은데 안 하면 금방 몸이 뻐근하고 아프니까 어쩔 수 없이 해. 그런데 막상 하고 나면 기분이 너무 좋아."

"맞아, 지금 뭐라도 해둬야 인생도 풀리지."

"그다음엔 하고 싶은 취미 생활을 하지. 나한텐 그게 재봉이야. 아무리 해도 질리지 않고 하면 할수록 너무 재미있어. 그전까지는 강의하느라 바빠서 닥치는 대로 사 입었는데 나만을 위한 옷을 만들어 입어보니 너무 기분 좋더라고."

"나도 그런 취미 하나 있어야 되는데, 부럽다 부러워."

"그리고 강의하러 나가지. 나한테 강의는 지금도 너무 중요한 생계니까. 나를 궁색하지 않게 만들어주는 일이 있다는 사실에 너무 감사해. 그리고 돌아와서 막내랑 수다도 떨고 가족들하고 밥도 먹고, 청소도 하다가 잠들지. 그렇게 매일 하루를 살아."

"미경아, 이제 보니 너는 네 인생에 하고 싶은 걸 하루 안에 다 집어넣는구나. 좋아하는 취미도 넣고, 생계도 넣고, 미래에 대한 준비도 넣고, 가족도 오늘 하루에 다 있잖아. 네 인생에서 중요한 것들, 이루고 싶은 것들이 다 담겨 있네."

"어, 듣고 보니 정말 그러네?"

생각해보니 친구의 말처럼 내 하루는 내가 원하는 인생과 무척이나 닮아 있었다. 일생에 풀어야 할 숙제, 혹은 소망들을 하루에 담아 거의 매일 반복하고 있었던 것이다.

지금 미래를 불안해하는 누군가가 있다면 '오늘 하루'만 보라고 말해주고 싶다. 오늘 하루 안에 내가 좋아하는 취미도, 미래를 대비하는 일도, 돈 버는 일도, 가족과의 시간도 있어야 한다. 그런 것들을 규칙적으로 집어넣어서 살아가면 된다. 오늘 하루의 일상 안에 빠진 무언가는, 미래에도 없을 것이다.

결국 하루라는 작은 그림 안에 인생이라는 큰 그림이 있다. 그러니 힘겨울수록 큰 그림에 몰입하지 말고 하루라는 작은 그림의 도면이 완벽히 채워졌는지에만 집중해보자. 결국 그 도면대로 인생도 차곡차곡 채워지니까.

엄마도 2학기가 시작된다

이제 아이들이 개학을 하네요.
2학기가 시작되죠.

2학기가 되면 새 책, 새 노트, 새 목표가 생기죠.
가을이 지나고 겨울이 되면 분명 성장해 있을 테죠.
그래서 학생이 좋은 걸 거예요.
계획된 일정이 있고 시간이 흐르면 저절로 성장하니까요.

저는 62세.
6학년 2반 2학기입니다.
새 책, 새 노트와 함께 새 목표를 정해보려고요.
아이들처럼 계획된 일정을 한번 만들어보려고요.
2학기가 지나는 겨울이 되면
저도 아이들처럼 성장해 있으면 좋겠어요.
계획된 일정만 있어도
사람은 성장한답니다.

오늘이
1월 1일이다

1월 1일이 되면 우리는 늘 뭔가를 새롭게 결심한다. 내 주변 지인들도 올해 1월 1일부터 담배를 끊겠다, 학원에 등록해서 영어를 배우겠다, 재봉틀을 사서 옷을 만들어보겠다 등등 저마다 야심찬 계획을 말하곤 했다. 그때마다 내가 옆에서 뭐라고 했을까.

"응, 좋은 생각이네. 그런데 아마 결심대로 안 될 거야."

정초부터 악담을 하는 게 아니라 날짜가 틀렸기 때문이다.

누군가가 담배를 꼭 끊어야겠다고 마음먹은 날은 언제였을까? 계단을 올라가며 헉헉대는 자신을 발견한 2월 5일이었을 것이다. 누군가가 영어를 배워야겠다고 결심한 날은 언제였을까? 회사에서 영어 때문에 자존심 상해서 꼭 학원을 등록해야겠다고 생각한 3월 27일이었을 것이다. 누군가가 재봉을 배우고 싶다는 강렬한 열망이 든 날은 언제였을까? 내 결심이 가장 센 날, 가장 충격받은 날, 그날이 바로 그 미션을 시작해야 할 날이다.

그런데 많은 사람들이 그 실행을 1월 1일로 미뤄놓는다. 오늘이 12월 21일이야? 그럼 며칠만 더 지나면 1월 1일이니까 그때 하자. 그런데 12월 31일 날 송년회 한다고 술 진탕 먹어버려 1월 1일부터 실행을 못 한다. 그럼 구정이나 지나고 봄 되면 하지. 그러다 보면 금방 여름 된다. 여름이면 더운데 뭘 해? 여름휴가나 지나고 하지. 여름 지나면 추석 지나고 하지. 그러다 보면 또 헛헛한 연말이 되는 거다. 그 지겨운 패턴을 우리는 평생 반복하며 살고 있다. 내 결심보다 습관으로 굳어진 몸의 관성이 훨씬 더 강하기 때문이다.

사람은 어제 살았던 대로 오늘을 살고 오늘 산 대로 내일을 똑같이 반복한다. 그런데 갑자기 그걸 1월 1일이 됐다고 한꺼번에 바꿀 수 있을까? 오랫동안 미뤄온 결심을 하루에 몰아서 하려니 실패할 수밖에 없는 것이다.

친한 스님 한 분이 오랫동안 공부를 하고 싶어 했다. 그런데 시골에서 사람들 상담해주느라 하고 싶은 공부를 못 했다. 대학이나 대학원 갈 시간이 도저히 안 됐던 거다. 몇 년 전, 그 스님을 만났는데, 오늘 큰마음 먹고 드디어 방통대에 등록을 했단다. 그날 나는 그 스님께 말했다.

"스님에게는 오늘이 1월 1일이군요."

공부하고 싶다는 생각을 수없이 하다가 실행한 그날이 바로 그분의 새해 첫날과 다름없었기 때문이다. 그리고 누군가의 1월 1일은 반드시 12월 31일을 맞이하게 된다. 그 스님처럼 매일 일상 속에 공부를 조금씩 넣다 보면 365일 후에 성장의 생일을 맞게 된다. 그렇게 한 살 두 살 먹을 때마다 스님의 공부도 커나가게 될 것이다.

나도 1년 중에 내 성장의 생일을 몇 번씩 맞이한다. 재봉은 벌써 두 번째 생일이 지났고 동양고전 공부도 벌써 다섯 살쯤 됐다. 작년에 새로 시작한 것도 많다. 1월 1일이 달력 곳곳에 흩어져 있는 셈이다. 어떤 것은 조금 성장하고 어떤 것은 많이 성장하는 정도의 차이는 있지만 그걸 1월 1일로 다 미뤘다면 아마 내게 12월 31일은 없었을 것이다. 생각해보면 사람이 각자 태어난 생일이 다르듯 각자의 1월 1일도 다른 게 너무나 자연스럽지 않을까.

사람은 1년 365일 동안 그렇게 중간중간 성장해야지, 1월 1일에 한꺼번에 클 수가 없다. 게다가 그렇게 하루에 몰아버리면 그 하루를 제외한 나머지가 자투리처럼 여겨지기 쉽다.

세상에 자투리 생명이 없듯이 자투리 시간이라는 것도 없다. 허투루 버려도 되는 날은 단 하루도 없다. 지금이 1년 중 그 어느 날이라도 무언가를 새로 시작할 수 있다. 올해는 틀렸다고 자포자기하기 전에 오늘 한 권의 책으로, 10분 운동으로, 첫 아르바이트로 새로운 1월 1일을 만들어보면 어떨까.

Part 5

자존감 있는 엄마로 똑똑하게 사는 법

나는
잠룡이다

살다 보면 마치 감옥에 들어가 있는 듯한 느낌이 들 때가 있다. 내가 전혀 원하지 않았던 상황 속에 나도 모르게 갇히는 것이다. 몇 년 전에는 강의를 하고 한창 책 사인을 하는데 한 엄마가 오더니 '사는 게 너무 힘들다'며 울기 시작했다. 알고 봤더니 아이가 셋인데 막내 아이가 발달장애가 있어서 매일 병원에 다니고 있단다.

"하루 종일 아이들 챙기는 것도 힘든데 막내 언어장애 치료를 받느라 아무것도 못 해요. 언제까지 이렇게 살아야 할지 막막하고요, 또 이런 생각을 한다는 자체가 아이한테 미안해서 더 눈물이 나요."

그때 나는 그 엄마에게 이런 얘기를 해줬다.

"지금은 아이에게도 엄마에게도 참 중요한 시간이에요. 아이가 씩씩하게 살아갈 힘을 키우는 시간을 지금 엄마가 주고 있는 거니까.

그러니 이 귀중한 시간을 그저 희생하는 시간, 답답한 시간이라고 생각하지 말고 다른 이름을 붙여봐요. '잠룡의 시간'이라고. 멋진 용으로 잘 날기 위해서 물속에 숨어서 준비하는 시간이라고 생각해봐요. 그렇게 내 시간에 다른 이름을 붙여주면 전에는 보이지 않던 것들이 보이게 돼요. 그리고 엄마 자신도 용답게 살게 돼."

주변을 둘러보면 그녀처럼 시간에 갇힌 이들이 참 많다. 아이 키우는 전업주부들도 그렇고 아픈 가족을 돌보는 분들, 또 갑자기 원하지 않았는데 생소한 곳에 발령받은 이들도 있다. 누구나 살다 보면 한 번쯤은 이런 시간을 살게 되는 것 같다.

그런데 만약 그 시간을 마냥 자신을 희생하는 시간, 막막한 시간, 뒤처지는 시간으로만 여긴다면 별 의미 없이 흘려보내게 된다. 조금 짬이 나도 우울함에 누워버린다. 하지만 잠룡의 시간이라고 간판을 바꾸고 용의 자세로 보면 같은 시간도 조금 다르게 느껴진다. 희생으로만 가득 차 있던 시간 중에 내가 가져올 시간이 보인다. 잠깐의 자투리 시간도 소중해지고 어떤 장소에서도 꿈을 꿀 수 있게 된다. 또한 그 시간을 버리는 시간이라고 생각하면 나 자신도 쓸모없게 느껴지지만 '나는 잠룡이다'라고 생각하면 정말 용답게 살게 된다.

전업주부 중에서도 잠룡의 시간을 보내는 사람들이 많다. 애들 키우면서 같이 공부도 하고 취미도 하나씩 품격 있게 만들어가다가 어느 정도 키우고 나면 본격적으로 자기를 성장시키는 사람들. 그런 엄마들은 너무 바빠서 찜질방 갈 시간도 없다.

용답게 산다는 건 내 안의 천재성과 노는 것이다. 내 안에 있는 나를 기쁘게 하는 재능, 성품들과 놀면서 내면이 단단하게 성장하게 된다. 운전면허증을 따건, 여행을 대비해서 중국어를 배우건 뭐든지 좋다. 나한테 집중하면 남에게 덜 집중하게 되고 서러움도 덜해진다. 나랑 노는 게 즐거워지는 것이 곧 나답게 사는 거다. 하루에 30분도 좋고 한 시간도 좋으니 용답게 살아보자. 그러다 보면 아이들은 금방 자란다. 껌딱지이던 애들이 다들 엄마를 그만 쓰겠다고 반납하고 나간다. 그럴 때 잠룡 엄마들은 서러워하기는커녕 물 밖으로 신나게 나간다. 밖으로 튀어나오지 않았을 뿐, 겉으로 드러나지 않았을 뿐 이미 안에서 다 성장해 있었으니까. 반면, 용의 시간을 못 보낸 사람들은 상황이 바뀌어도 꿈의 시간으로 옮겨가기가 힘들다. 답답하고 막막한 시간을 살았으므로 미래도 여전히 막막할 수밖에 없다.

스스로를 잠룡이라 생각하는 자만이 진짜 용이 될 수 있다. 힘들수록 기어이 내 시간에 다른 이름표를 달아보자. 그리고 마음속으로 스스로에게 말해주자. 나는 '잠룡'이라고.

생계를 지키다 보면 꿈으로 간다

내 나이 오십이 넘어 주변을 돌아보니, 한 가지 알게 된 사실이 있다. 한 여자의 인생을 끝까지 경제적으로 완벽히 책임지는 남자들이 드물다는 것이다. 아주 운이 좋아야 그런 남자와 살 수 있다.

    남자들도 인생의 크고 작은 불행은 대부분 결혼 후에 겪는다. 20대에 실패를 해봐야 얼마나 하겠나. 회사에서 잘리고, 사업 망하고, 배신당하는 등 경제적 능력을 잃어버리는 대다수의 일들은 결혼해서 아내와 살면서 벌어진다. 부모로부터 물려받은 재산이 있다 하더라도 그 부를 30년 이상 유지하는 게 보통 일이 아니다. 40~50대까지 부자로 살았더라도 죽을 때까지 부자로 사는 것은 어렵다. 실제로 많은 남자들이 40대부터 다양한 이유로 심각한 경제적 위기를 만난다.

내 친구 중 하나는 잘나가던 남편이 갑자기 아프면서 집안의 수입이 완전히 끊겼고, 또 다른 친구는 시아버지와 남편이 하던 사업이 망해서 졸지에 빚더미에 올랐다. 또 다른 친구는 알뜰살뜰 살림만 하면서 살았는데 증권회사 다니는 남편이 투잡을 시작했다가 완전히 망했다. 평생 오빠라 불렀던 그 남자가 곧 아빠고 하늘이었는데 한순간에 신용불량자 신세가 된 것이다. 하나밖에 없는 딸 공부시킬 돈조차 없어지자 그녀는 남의 집 차고를 하나 얻어서 옷 가게를 열었다.

평생 돈 한 푼 안 벌어본 사람이 장사를 하려니 처음부터 쉬운 게 없었다. 재고 관리를 어떻게 하는지도 몰랐고, 돈과 옷을 어떻게 회전시켜야 하는지 헤맸고, 손님들 앞에서 말도 제대로 못 했다. 당연히 첫해에는 완전 적자가 났다. 그러나 그녀는 다시 돌아갈 곳조차 없었다. 그저 할 수 있는 일이라곤 365일 하루도 쉬지 않고 가게를 지키는 것뿐이었다.

다행히 3년 차부터 서서히 돈을 벌기 시작하더니 지금은 귀신같이 옷을 판다. 머리부터 발끝까지 완벽하게 스타일링 해준다는 입소문이 나면서 주변 가게 여사장들이 그녀의 단골이 됐다. 심지어 어떤 손님은 자기 딸을 데리고 와서 이 가게에서 무료로 일하게 해달라고 부탁했단다. 손님한테 영업을 너무 잘하니 옆에서 보고 배우게 해달라고. 실제로 많은 손님들이 그녀에게 이런 말을 자주 한단다.

"솔직히 이 집 옷값이 그렇게 싼 편은 아냐. 그래도 내가 왜 맨날 오는지 알아? 진심으로 사람들을 위하고 예뻐하는 게 보이거든. 그래서 이 집 옷 입으면 정말 나도 예뻐지는 것 같아."

불과 몇 년 전까지만 해도 집에서 살림만 하던 여자가 오십이 넘어 자신의 능력을 발견한 것이다.

"난 우리 남편이 진짜 영업 잘하는 줄 알았거든. 매일 밤마다 술 먹고 들어왔으니까. 그런데 알고 보니까 내가 훨씬 잘해. 술 먹는 영업 안 해도 옷을 잘만 팔아. 사람들이 내가 입혀주는 옷을 얼마나 좋아하는지 몰라. 그런데 진짜 놀라운 게 뭔지 알아? 경제적으로 똑똑해지니까 나머지도 같이 똑똑해졌어. 막막했던 미래도 확실해지고, 원망만 하던 남편과의 관계도 여유가 있어지고, 고생 좀 하고 나니까 이젠 사람들 인생 상담도 해. 신기하게도 내 꿈, 인간관계, 심지어 마음까지 똑똑해졌어."

본래 독실한 크리스천인 그녀는 일주일에 하루는 가게에서 성경 공부 모임도 하고, 마음이 힘든 이들을 불러 얘기를 들어주고 위로해준다. 요즘은 뒤늦게 신학대학에 들어가 공부도 열심히 하고 있다. 그 덕분인지 사람이 벌써 표정부터 여유롭고 매사에 자신감이 넘친다.

평범하게 아이 키우고 잘 살다가 뒤늦게 자신의 꿈을 키우는 여자들은 정말 행운아다. 그런데 그녀처럼 상처로 시작하는 꿈, 생계로부터 출발한 꿈도 행운으로 이어질 수 있다.

●

생계 안에도 꿈이 숨어 있다

처음부터 생계가 아닌 꿈으로 시작하는 여자들은 자기 안의 에너지를 100프로 꺼내기가 어렵다. 연습도 안 돼 있을뿐더러 급한 게 없으니까. 그런데 당장 절박한 상처에서 시작하면 자신도 모르고 있던 120프로의 에너지를 한꺼번에 꺼낸다. 그러다 보면 그 에너지가 처음에는 돈 문제를 해결하는 데 쓰이다가 나중에는 다른 것에까지 자연스럽게 확장된다. 어떻게 하면 더 잘할 수 있을까? 무엇과 엮을 수 있을까? 이 일의 다음 단계는 무엇일까? 이렇게 '생계 3단계'까지 오면 어느새 꿈의 모습이 돼 있다. 생계로 시작한 일인데 남들 보기엔 꿈처럼 보이는 것이다. 사람은 누구나 경제적인 기본 욕구가 해결되면 자신을 위한 아름다운 욕구를 만들게 돼 있다.

그래서 살면서 어쩔 수 없이 돈을 벌어야 할 상황에 맞닥뜨리면 해석을 잘해야 한다. '얼마나 팔자가 세면 남편 대신 돈을 버느냐'가 아니다. 남편 대신 돈을 벌다 보니 팔자가 멋지게 바뀌는 거다. 상처에서 시작한 돈벌이가 여자에게 인생의 다른 시간을 살아보게 하는 행운을 선물해줄 수도 있다.

그러니 주저앉아 울지 말자. 운 없다고 한탄하지도 말자. 내 운이 다른 시간을 살아보라고 하는 중이라고 생각해보자. 한 번도 살아보지 못한 삶이라 처음엔 힘들고 어색하지만 적응하면 유능해질 수 있다. 살림하면서 유능했던 여자들은 밖으로 나가도, 또 다른 시간에서도 유능해질 수 있다. 나조차 몰랐고 믿지 않았던 능력을 한번 멋지게 꺼내 써보자.

아이와 시간을 나눠 쓰자

"아이가 어려서 원하는 일을 못 해 속상해요. 제가 해보고 싶은 건 여행사 오퍼레이터인데 아이를 돌볼 사람이 없어서 지금은 파트타임으로 콜 업무만 하고 있거든요."

한 엄마가 내게 이런 하소연을 했다. 이제 아이가 다섯 살인데 어린이집에서 아이를 데려올 사람이 없어서 당장 원하는 일을 못 한다는 것이다. 본래 활동적인 성격이라 그동안 집에서 애만 보는 것도 너무 힘들었는데, 지금도 하고 싶은 일을 못 하니 가끔은 아이가 미워질 때도 있단다.

몇 년 동안 육아만 전담했던 엄마들이 다시 세상으로 나오는 건 쉽지 않은 일이다. 요즘처럼 실업률이 높을 때, 마땅한 일자리를 찾기 힘들뿐더러 있다 할지라도 부모님이나 주변에서 도와주지 않는 한,

아이가 어리면 처음부터 풀타임으로 일하기가 어렵다. 그럴 때는 어쩔 수 없이 눈높이를 낮춰서 일을 택할 수밖에 없다. 집에서 가까운 직장을 찾느라 마음에 드는 일자리를 포기하는 경우도 많다. 아이 때문에 꿈을 축소해야 될 때, 젊은 엄마들은 엄청 서럽다. 나도 남들처럼 애 봐주는 사람만 있으면 정말 잘할 수 있을 텐데, 훨훨 날아다닐 텐데… 라고 한탄하다 결국 그마저도 포기하는 엄마들이 적지 않다.

그러나 한편 생각해보면 꿈을 축소했다는 건 잠시 내 꿈의 시간을 아이와 나누어 쓰고 있다는 말이기도 하다. 그런데 그 소중한 시간은 결코 사라지는 게 아니다. 힘들어도 몇 년간 아이를 잘 키우고 아이와 시간을 나눠 쓰면 결국엔 시간을 벌게 된다. 어렸을 때 정성스레 키운 만큼 나중에 스스로 자기 길을 잘 가면 엄마가 손댈 게 별로 없다. 그리고 어차피 아이가 엄마를 찾는 시간은 정해져 있다. 애가 크면 클수록 시간은 점차 나한테 넘어오고 그 시간을 온전히 쓸 수 있는 때가 곧 온다.

물론 엄마들 입장에서는 그 시간을 기다리는 게 너무 어렵다. 너무 늦은 게 아닌가 조바심이 나기도 한다. 나 역시 아이 셋을 키우면서 일한다는 건 수없는 기다림의 연속이었다. 그러다 뒤늦게 내가 하고 싶은 일을 하게 됐을 때 늘 스스로에게 했던 말이 있다.

'지금이 내 인생에서 이 일을 하기에 가장 적절하고 좋을 때야.'

인생의 가장 좋은 타이밍이라는 건 정해져 있지 않다. 마침내 이 일을 할 수 있는 '지금 이 순간'이 내게는 가장 좋은 시간이다. 어렸을 때 멋모르고 했으면 이 일이 얼마나 소중한지 몰랐을 거고 절실함도 없었을지 모른다. 게다가 운명처럼 내 앞을 막아서는 것들이 길게 보면 행운이었다는 생각도 든다. 조금 더 마음을 다지고 시작하길 잘했다, 근육 키우고 오길 잘했다 싶은 것이다.

엄마라서 일하기 힘든 것도 있지만 엄마라는 강한 책임감 덕분에 포기하지 않는 이들도 세상엔 참 많다. 아이를 키워내고자 하는 엄마의 본능적인 욕구는 다른 이들의 욕구보다 훨씬 더 크게 꿈과 돈의 사이즈를 키운다. 혼자서 아이를 키우는 '한부모가정' 엄마들 중 24시간을 48시간처럼 쓰는 이들이 적지 않다. 돈과 시간은 절박함이 있어야 늘어나지 쉽게 늘어나는 게 아니다.

나를 가로막는 것처럼 보이는 아이 때문에 결국 내 능력이 두 배 세 배 클 수 있다. 지금은 울고 떼쓰는 게 전부인 것처럼 보이지만 키우다 보면 힘들 때마다 웃어주고 좌절할 때마다 나를 잡아주는 기둥이 바로 아이다.

그 소중한 아이와 시간을 나누는 것을 억울해하지 말자. 그리고 포기하지도 말고, 지금의 현실을 더 단단하게 다져보자. 지금, 아이와 나눠 쓰고 있는 24시간은 꿈의 도약을 준비하기에 가장 좋은 시간이다.

엄마와 아이의 독립 본능을 키워라

최근에 DM으로 이런 질문을 받았다.

"원장님, 전 아이에게 왜 자꾸 집착이 생길까요? 아이가 대학 가고 나면 자유가 올 줄 알았는데 족쇄도 이런 족쇄가 없어요. 아이가 집에 안 들어오면 저녁 8시부터 불안해지고, 하루에 카톡을 100개씩 보내요. 나이 들수록 아이에게 더 매달리는 제가 이상한 엄마일까요?"

언어 발달장애가 있었던 아이를 제대로 키워보려고 다니던 직장을 그만두고 육아에 전념했던 엄마의 하소연이었다. 엄마의 간절함 덕분에 유달리 말이 느렸던 아이는 잘 자랐고, 공부도 잘해서 인 서울 대학에 합격해 자기만의 길을 잘 걸어가고 있었다. 하지만 아이의 세상이 커질수록, 엄마 마음은 더 불안해졌다. 아이가 넘어지기라도 할까 봐, 내 손이 닿지 않는 곳에서 무슨 일이 생길까 봐, 엄마는 아이를 더욱 세게 붙잡았다.

우리는 왜 아이를 키우는 걸까? 아이를 '독립'시키기 위해서다. 그러나 현실에서는 많은 부모가 아이의 독립을 돕기보다는 아이 대신 길을 닦아주려고 애쓴다. 부모는 생각한다. '내가 조금만 도와주면 경쟁에서 밀리지 않겠지. 빨리 성공하겠지.' 하지만 그것이 진짜 성공일까? 부모가 닦아준 길 위에서는 아이가 결코 혼자 일어설 힘을 기를 수 없다.

●

60대에 가장 두려운 것

60이 넘어보니 정말 두려운 것이, 바로 자식 문제다. 남편이나 일로 인한 슬픔과 좌절은 시간이 지나면 굳은살이 생겨 무뎌지지만, 자식 문제만큼은 매번 새로운 상처로 다가온다. 특히 자식이 경제적으로나 정신적으로 독립하지 못했을 때, 부모는 평생 그 무거운 짐을 지고 살아야 한다.

최근 동창 모임에 가봐도 분위기가 확 달라졌다. 예전엔 자녀를 명문대나 해외 유학 보낸 친구들이 부러움을 샀다. 하지만 요즘은 자식이 경제적으로, 정신적으로 잘 독립한 친구가 가장 부럽다. 40~50대에 끝날 줄 알았던 자녀 뒷바라지가 60대까지 이어지면서 노후가 사라진 친구들이 많아서다. 만약 마흔이 넘은 자식이 부모를 원망하고, 정신적으로 독립하지 못한 채 사춘기 청소년처럼 방황하고 있다면 어떨까. 체력도 돈도 부족한 나이에 40대처럼 자녀 양육을 하는 것만큼 힘들고 불행한 일이 없다. 아이도 아이이거니와 부모의 노후가 삭제되기 때문이다.

자식의 문제는 어느 날 갑자기 하늘에서 뚝 떨어진 것이 아니다. 20~30년에 걸쳐 부모와 자녀의 관계가 누적되어 쌓인 결과다. 자식의 문제를 해결하려면, 지난 20~30년간 우리가 아이를 키워왔던 방식부터 돌아봐야 한다.

자식이 제일 무서운 경우는 두 가지다. 하나는 경제적으로 독립하지 못했을 때, 두 번째는 정신적으로 독립하지 못했을 때다. 뒷바라지에는 반드시 시간적 한계가 있어야 한다. 그 시간이 되면 부모의 역할은 끝나야 하고, 그걸 우리는 '독립'이라 부른다. 그런데 많은 부모가 그 한계를 정하지 못해 평생을 희생하며 자식의 종처럼 살아간다.

10대 자녀를 뒷바라지하는 것은 힘들면서도 보람 있는 일이다. 20대 자녀의 학비와 생활비를 대주는 것도 기꺼이 감당할 수 있다. 그런데 40대, 50대 자녀의 뒷바라지를 계속하는 것이 즐거운 사람이 있을까? 그것은 뒷바라지가 아니라 종노릇에 가깝다. 자녀 교육에 한계 없이 돈과 시간을 쏟아붓는 것은, 결국 부모와 자녀 모두의 독립을 방해하는 가장 위험한 선택이다.

내 친구들 중에도 자녀 뒷바라지에 한계 없이 올인하다가 노후가 사라진 이들이 많다. 30대부터 50대까지 역동적으로 돈을 벌어 노후자금을 마련했어야 할 시기에, 자녀에게 모든 것을 쏟아부은 결과다. 그때 돈을 너무 많이 써버려서, 이제는 쓸 돈도 없이 힘겨운 노년을 보내는 친구들을 보면 마음이 아프다. 특히 조기 유학 열풍 속에 아이를 위해 모든 걸 희생한 이들의 고통이 크다.

나 역시 큰딸이 미국 유학을 원했을 때 고민했다. 부모 마음이야 아이가 원하는 걸 해주고 싶었지만 내 연봉의 60퍼센트 이상 들어갈 만큼 유학 비용이 만만치 않았다. 결국 나는 딸에게 말했다.

"엄마는 그 돈을 너에게 쓸 자신이 없어. 그걸 너한테 주면 엄마 인생의 지분 60퍼센트를 네가 가져가는 거야. 엄마 인생을 너에게 다 주면 너도 부담스럽지 않을까? 엄마는 네가 한국에서 100퍼센트의 가능성을 찾는 게 더 중요하다고 생각해. 미국에서 1퍼센트의 가능성을 좇기보다 말이야."

그때 딸은 원망했을지 모른다. 하지만 지금은 "유학 안 가길 정말 잘했다"며 자신의 길을 잘 걷고 있다. 자녀의 꿈을 위해 돈을 쏟아붓는 것이 부모의 책임이라고 생각할 수 있지만, 아이가 스스로의 힘으로 자신의 길을 개척하게 하는 것이 진정한 교육일 수 있다.

●

자녀의 각도를 바로 세워라

60대가 되어 더 두려운 건 자식 때문에 생긴 우울증이다. 자식에게 듣는 '엄마 때문에 이렇게 됐어', '엄마가 나를 믿어주지 않아서 그래' 같은 원망의 말은 가슴을 후벼 판다. 풍족하게 키운 자식일수록 부모에게 원망을 더 쏟아낸다.

자녀의 정신적 독립은 부모를 바라보는 자세에서 시작된다. 부모가 늘 든든하게 서 있으면 자식은 45도 각도로 기대 사는 것이 습관이 된다. 그러다 어느 날 부모가 그 자리를 비우면 아이는 기댄 채로 넘어지며 부모를 원망한다. '왜 이제 와서 손을 놓느냐'라며 끝없이 불평한다. 반면에 어렵게 키운 자녀들은 부모를 더 챙기고 원망도 덜 한다. 부모에게 의지하지 않고 스스로 바로 선 자녀는, 부모가 힘들 때 '엄마, 나한테 기대세요'라고 말한다.

자녀가 살아가는 각도는 부모가 20~30년 동안 키우면서 누적된 결과다. 아이에게 모든 것을 다 해주는 강한 부모의 모습은 아이를 의존적인 사람으로 만든다. 반대로 부모가 모든 것을 다 줄 수 없다는 것을 보여주면, 아이는 스스로 채우려고 노력하는 주체적인 사람으로 성장한다.

그러니 오늘부터 자녀를 키우는 방식을 바꿔보자. 부모가 늘 현금 지급기처럼 강해 보이면 안 된다. '엄마는 늘 있어, 엄마가 다 해줄게'라는 태도는 아이의 독립 본능을 잠재운다. 그 대신 약간은 '없다, 없다' 하면서 부족한 모습을 보여주자. 그래야 아이가 '엄마, 제가 있어요'라며 스스로 무언가를 채우려 노력한다. 부모의 부족한 점을 채워주기 위해 애쓰는 자녀의 모습에서 비로소 진정한 독립이 시작된다.

우리는 언젠가는 아이 곁을 떠나야 하는 사람이다. 그래서 아이의 독립 본능을 키우는 시공간을 주어야 한다. 아이만의 공간과 시간이 필요하다. 부모가 개입하지 않고, 스스로 판단하고 선택할 수 있는 시간과 공간이 있어야 한다. 그래야 아이는 자기가 좋아하는 걸

찾고, 실패도 해보고, 다시 일어설 수 있다. 물론 조금 느릴 수 있다. 옆집 아이보다 1년 늦을 수도 있다. 하지만 부모가 대신 해주는 속도 경쟁에서 이기는 것보다 자기 힘으로 해낸 내용이 훨씬 단단하다.

    그러려면 엄마의 독립 본능부터 깨워야 한다. 집착은 곧 '너는 못해, 내가 대신 해줄게'라는 말과 같다. 아이에게 집착하는 만큼 아이의 '할 수 있는 힘'을 빼앗는 것이다. 그러다 결국 서로 독립하지 못한 채 경제적으로나 정서적으로도 힘겨운 노년을 맞이한다.

    집착을 내려놓는 방법은 하나다. 집착의 방향을 바꾸는 것이다. 아이 말고 나 자신을 향하는 거다. 오늘 하루를 어떻게 채울지, 무엇을 배우고 싶은지, 내가 하고 싶은 건 무엇인지 묻고 탐구하는 것이다. 아이가 아닌 '나'를 주어로 삼아 연습하다 보면 20년 동안 잠재되어 있던 독립 본능이 깨어날 것이다. 아이에게 모든 걸 해줄 수 있다는 강한 척하는 마음도 내려놓아야 한다.

    결국 부모와 자녀는 각자 잘 지내야 한다. 자녀가 자기 인생과 잘 지내고, 부모도 부모 인생과 잘 지내야 한다. 그 시작은 아이의 독립 본능을 믿고 지켜보는 것이다. 그러기 위해 엄마 자신부터 독립해야 한다. 내 아이의 가능성을 믿는 만큼, 나의 가능성에도 불을 밝히자. 각자의 독립이야말로 내가 아이를 키운 이유다.

엄마는 똑똑해야 한다

"엄마, 요즘 나 스트레스 받아 죽겠어."
큰딸이 조그맣게 장사를 시작하면서 난생처음 겪는 문제들로 고민이 많다.
"매일 밤잠이 안 와. 조만간 미팅을 해서 담판을 지어야 하는데 뭐라고 말할까 매일 생각하고 또 해도 답이 잘 안 나와."
"그렇구나. 힘들겠다. 근데 엄마 경험으로는 말이야, 그렇게 매일 스트레스 받으면서 고민하는 게 헛일이 아니야."
"스트레스 받는 게 나쁜 게 아니라고?"
"응. 매일 그 일 때문에 고민하고 스트레스를 받는다는 건 한 달 후에 겪을 일을 조금씩 나눠서 겪고 있다는 뜻이지. 말하자면 불행을 매일 나눠 쓴다고 할까? 그러다 보면 막상 한 달 후에 문제가 아주 가벼워져 있어."
그날, 딸아이는 무슨 말인지 모르겠다는 표정으로 돌아갔다.

한 달 후, 딸아이는 호들갑을 떨면서 말했다.
"엄마, 엄마 말이 맞았어. 한 달 내내 고민하고 나서 만났더니 별거 아니더라고. 정말 내가 불행을 나눠서 쓴 거였나 봐. 앞으로 어떤 일로 스트레스를 받으면 그건 헛일이 아니라 큰일을 하고 있다고 생각해야겠어."

아이들의 고민도 나이에 맞게 성장한다. 10대, 20대, 30대 각각 고민, 갈등의 종류도 크기도 다 다르다. 그때마다 엄마는 아이와 함께 성장해야 한다. 그래야 성장한 아이의 고민을 들어주고 해석해줄 수 있다. 엄마 노릇도 오래 하면 할수록 더 똑똑해져야 하나 보다.

무능을
직시해야
유능해진다

몇 년 전, 나는 밀라노로 날아갔다. 오랫동안 준비했던 이태리 패션 학교에 드디어 가게 된 것이다. 한 달짜리 단기 과정이었지만 나는 유학이라도 가는 듯 들떴다. 평생 나의 생계였던 강의를 잠깐이라도 내려놓고 새로운 도전을 한다는 것 자체가 너무나 설레었던 것이다. 게다가 나름대로 몇 년간 영어, 드로잉도 틈틈이 공부해 중간은 할 거라는 자신감도 있었다.

그런데 첫날 수업에 들어갔더니 학생들이 나만 빼고 죄다 20대 초반이다. 내 첫째보다도 어린아이들이다. 그 학생들 입장에서 보자면 웬 늙은 아줌마가 하나 앉아 있는 거다. 거기까지는 괜찮았다. 그런데 첫 수업이 끝나자마자 내가 느낀 감정은 딱 이것 하나였다.

'지질함.'

영어로 수업을 듣는데 정말 귀에 하나도 들어오질 않았다. 숙제를 내줬는데 무슨 숙제인지 모르고 집에 가는 그 느낌이 얼마나 쓸쓸하던지….

그중에서도 제일 힘들었던 게 포토샵이다. 사장으로만 살다 보니 직원들 하는 것만 봤지 포토샵을 직접 해본 적이 없다. 게다가 그 복잡한 프로그램을 한국말도 아닌 영어로 배우려니 도저히 따라갈 수가 없었다. 다른 애들은 벌써 클릭해서 4단계를 완성하고 있는데 나는 아직 1단계에서 헤매고 있다. 옆자리 애는 물어봐도 모른다며 대답도 잘 안 해준다. 결국 자포자기하고 멍하니 앉아 있는데 지나가던 선생님이 내 화면을 보더니 한숨을 푹 쉬었다. 그 순간, 완전히 바보가 되면서 화병 난 것처럼 가슴에 불이 일었다. 자존심이 상해 도저히 참을 수가 없었다.

'나 왜 이렇게 지질하지? 내가 이러려고 밀라노까지 왔나? 이까짓거 단기 과정 수료한다고 뭐가 달라져?!'

그렇게 밀라노에서 극명한 내 무능함을 확인하면서 나는 숙소까지 걷고 또 걸었다. 그렇게 한참 걸으면서 생각해보니 지금의 내 모습이 어딘가 익숙했다. 처음 강사에 도전할 때의 나였다. 불안하고 초조해하면서도 포기하고 싶지 않았던 24년 전의 내 모습을 다시 만난 것이다. 밤마다 집에 들어가서 '괜찮아, 할 수 있어. 잠을 줄이고 강의안 만들면 돼'라고 했던 그 순간들이 다시 떠올랐다. 그리고 그때 처음 알았다.

'한심한 나를 만나는 게 젊어지는 거구나. 과거의 나를 다시 만나

는 거구나.'

그렇게 생각하니 순식간에 마음이 차분해졌다. 그리고 그날부터 나는 예전의 나처럼 공부했다. 밤새도록 유튜브 동영상 보면서 포토샵을 독학으로 배우기 시작했다. 정말 하루에 서너 시간도 못 잤던 것 같다. 그렇게 미친 듯이 2주 동안 몰입했더니 빨리 배워졌다. 마침내 졸업하던 날, 나를 보며 한숨 쉬었던 선생님이 이렇게 말했다.

"포토샵으로 합성한 당신의 패션 드로잉 작품들을 제가 갖고 있어도 될까요? 다음에 들어오는 학생들에게 우수 작품으로 보여주면 좋을 것 같네요."

너무 유능한 나를 오래 데리고 살면 무능해진 나를 만나는 게 무서워 결국 무능해진다. 무능한 나를 만나야 유능해질 수 있다. 유능하다고 생각하는 나는 사실은 겁쟁이가 되는 경우가 많다. 왜냐하면 자기의 무능으로 돌아가고 싶지 않으니까. 무능 안에 들어 있는 것들이 좌절감, 실패 같은 것들이라 마주하는 게 되게 힘든 거다. 그래서 '이까짓 게 무슨 의미가 있느냐'라며 이까짓 걸로 폄하를 한다.

그런데 막상 그걸 넘어서면 새로운 아이디어가 떠오른다. 무능과 싸우느라 허덕허덕할 때는 아무것도 안 보였는데 정리하고 한숨 돌리니 다음에 뭘 해야 할지 보인다. 나도 한 달간 무능한 나를 수없이 만났더니 새로운 길이 보이기 시작했다. 영어 공부도 하고 몇 년 후에 패션쇼도 하고 이렇게 저렇게 하면 뭐가 되겠구나, 라는 생각들이 자연스레 떠올랐던 것이다.

5년, 10년 후면 내 무능과 싸운 고생담이 빛을 발할 것이다. '그 덕분에', '그래서'라는 말을 붙이면서 새로운 스토리를 이어갈 수 있을 것이다. 지금의 이 보잘것없는 시간은 분명히 더 나은 미래와 이어져 있다. 그러니 지금 무능과 싸우고 있다면 걱정하지 말고 기죽지 말고 조금만 더 버텨보자. 무능과 싸우고 있다는 건 지금 유능해지고 있다는 뜻이니까.

부족한
편안함을
즐겨라

엄마들이 이런 말을 참 많이 한다.

"원장님, 저는 좋은 엄마가 아닌 것 같아요. 애들 돌보다 보면 너무 힘들고 지쳐서 애한테 잘해주질 못해요. 떼쓰고 울면 저도 같이 화내고 혼내고 그러다 보면 아이한테 너무 미안해요."

나 역시 100프로 공감하는 말이다. 그 엄마들만 그렇게 생각하는 게 아니라 사실 대부분의 엄마들이 똑같이 느끼는 감정이다. 엄마로서 스스로 너무 부족하다는 죄책감.

우리는 누구나 이상적인 엄마의 모습을 상상한다. 한없이 자애롭고, 이유식도 맛있게 잘 만들고, 집도 항상 잘 치우고, 아이와 잘 놀아주는 그런 완벽한 엄마가 되고 싶어 한다. 실제로 남들 SNS에 올라오는 모습을 보면 다들 100점짜리 엄마같이 보인다.

'이유식 잘 받아먹는 우리 아기'라는 글이 달린 애들 사진 보고 있으면 괜히 속상하다. 내가 만든 이유식은 맛이 없는지 애가 죽어라고 안 받아먹으니까. 그럴 때 '딴 엄마들은 다 이유식 잘 만드는데 나만 왜 열흘씩 고생해도 실력이 안 느나'라는 생각이 저절로 든다.

그런데 사실 그게 정상이다. 그 집 애도 늘 잘 받아먹었을 리가 있나? 안 먹은 날도 있는데 애가 안 먹은 날은 그거 해결하느라 사진 못 찍고 받아먹은 날만 올린 거다. 처음 해보는 건 당연히 부족한 게 정상이다. 애들 키우면서 집은 어수선하고 애도 꾀죄죄하고 나도 추리닝 바람에 엉망진창으로 사는 것 같지만, 다들 그러면서 살아간다.

그런데 그중에 유독 스스로 불행하다고 느끼는 사람은 자신의 부족함을 자꾸 결산하고 거기에 칼을 들이대는 사람이다. 오늘 하루 잘 지냈나, 두 살짜리 엄마로 나는 괜찮은가 정산하면 늘 부족한 점만 보인다. 그걸 매일 반복하면 당연히 죄책감에 시달리고 우울증이 생길 수밖에 없다.

반면 똑같은 상황에서 행복하게 사는 사람들은 '부족한 편안함'을 즐길 줄 아는 거다. 집이 지저분해도 힘들면 그냥 자고, 엄마로서 감정 조절 못 했던 날에도 너무 자책하지 않고 내일을 맞는 것. 그렇게 시간이 지나면서 애가 클수록 나도 점점 괜찮은 엄마가 돼간다. 부족하지만 연결하는 힘, 부족하지만 진행되는 힘을 믿으면 된다. 부족하지만 애들은 계속 크고 나도 직장 다니고 살림하면서 '연결의 힘'을 살아가는 것이 중요하다. 똑같은 상황도 자꾸 결산한다고 끊으면 끊어지는 거고, 부족한 걸 이으면 다시 이어진다. 그렇게 부족한 편안함으로 사는 엄마들이 결국엔 훨씬 더 행복해지고 강하게 살아간다.

미안한 얘기지만 우리 집 애들도 다 부족하게 컸다. 일과 육아를 병행하느라 당연히 아이들에게 부족할 수밖에 없었다. 간식도 주말에만 가끔 해주고 공부시키는 것, 알림장 봐주는 것도 들쑥날쑥하게 하면서 엄청 부족하게 키웠다. 한창 정신없이 일할 때는 빨래를 개서 서랍에 넣은 적도 별로 없다. 아이들도, 나도 빨랫줄에 걸린 옷을 그냥 입고 나올 때가 더 많았다. 그런데 그 부족함을 인정하고 살아간 덕에 서로를 들볶지 않고 무사히 살아냈던 것 같다. 세상 그 어느 집도 완벽한 집은 없다. 오늘 조금 부족했지만 지속해서 끌고 갔다는 것만도 충분히 기특하고 대단하다. 당신도 부족한 편안함을 즐길 자격이 있다.

> **엄마 노릇 힘들지?**

큰아이가 사춘기 때 나와 한동안 사이가 좋지 않았다. 서로 자기주장만 했고, 굽히지 않았고, 말다툼을 자주 했다. 하루는 큰애가 외할머니에게 전화를 해 엄마가 얼마나 자신을 힘들게 했는지 다 일러바쳤다. 무려 두 시간이 넘게 통화를 했단다.

그날 엄마에게서 전화가 왔다.
"미경아, 엄마 노릇 힘들지?"
엄마의 첫마디는 그랬다.
내가 뭘 잘못하고 있는지 말할 법도 했지만 엄마는 그 한마디만 했다.
엄마 노릇 힘들지?
눈물이 왈칵 났다.
"애 낳을 때만 힘내야 하는 게 아니야, 애 키울 때는 더 힘을 내야 해. 우리 미경이 힘내라!"
그때 엄마의 위로가 얼마나 큰 힘이 됐는지 모른다.

지금도 아이와 갈등을 겪으며 힘들어하고 있을 엄마들,
"엄마 노릇 참 힘들죠? … 다들 힘내요."

집으로 돌아가는 워킹 맘에게

얼마 전, 한 사람이 찾아왔다. 중견 기업에 다니는 20년차 워킹 맘. 온갖 고생 끝에 회사 최초로 여성 임원이 됐단다. 그토록 바라고 바라던 자리까지 올라간 것이다. 그런데 지금 사표를 쓸까 고민 중이란다. 마음이 아픈 아이 때문에. 아이가 학교에서 왕따를 당하고 있다는 걸 뒤늦게 알게 됐는데, 전학 간 학교에서도 적응을 하지 못해 많이 힘들어한다고 한다. 그런데 막상 회사를 그만두려니 고민이 한두 가지가 아니란다.

"힘들게 여기까지 왔는데 중도 포기하는 것 같아 아쉽고, 막상 집에 들어가서 뭘 할 수 있을지 막막해요."

나는 그녀의 등을 두드리며 말했다.

"어여 집에 들어가요. 이런 건 포기가 아니라 용기 있는 선택이라고 불러야지."

　역도 선수가 역기를 들다 놓는 것은 당장의 메달보다 근육 파열이 될지 모르는 자신의 몸을 더 사랑하기 때문이다. 마라톤 선수가 경기 도중 기권하는 것 역시 대회 성적보다 자신의 생명을 더 소중히 여기기 때문이다. 살다 보면 순간의 성취보다 훨씬 더 소중한 삶의 근원을 위해 멈춰야 할 때가 온다. 그런데 거기에 굳이 '포기'라는 단어를 붙일 필요가 있을까. '용기 있는 선택'이라고 불러야지. 길게 보면 엄마 노릇 역시 한 인간의 성장이고 '꿈'이다.

　물론 일터에서의 커리어는 단절될 수 있다. 그러나 인생은 그 어떤 현장에서도 멈추지 않는다. 나는 개인적으로 '경력 단절'은 썩 옳은 말이 아니라고 생각한다. '경력 이동'이란 말이 더 맞다. 특히나 요즘엔 워킹 맘, 전업 맘의 경계가 없기 때문이다. 일하다가 아이가 아프거나, 집안에 엄마의 손이 필요하면 집으로 귀환해야 할 때가 있다. 반대로, 남편이 아프거나 실직하는 등 집안 경제에 빨간불이 켜지면 일터로 나와야 할 때도 있다. 이렇듯 가끔은 운명적 사건이 여자의 경력을 이동시킨다. 그러나 장소와 환경의 차이일 뿐, 삶을 끌어가고 나를 성장시키는 일은 집이건 일터건 멈춰서는 안 된다.

　살다 보면 하나의 문이 닫혀야만 다른 문을 발견할 수 있는 시기가 있다. 2~3년 쉬어야 할 때가 그때다. 바로 그때 좌절하지 말고 새로운 일을 모색해보자. 집에만 있는다 해도 이전과는 다른 열정과 에너지로 신나게 살 수 있다. 바깥일만큼 짜릿한 성취의 쾌감은 없더라도 늘 허전했던 마음, 배고팠던 속을 든든히 채울 기회를 만들 수 있다.

그러니 일하다가 돌아와야 할 때라는 느낌이 강하게 들면, 돌아와도 된다. 포기, 아니 선택은 나 자신을 사랑하는 '또 다른 이름의 꿈'이니까. 지금 어디에 있건 엄마로 살아가는 당신을 진심으로 응원한다.

Epilogue

천 번을
미안해도
나는 엄마다

몇 년 전 '김미경의 톡앤쇼' 시즌2를 준비할 때였다. 오랜 고민 끝에 2부에 엄마로서 힘겨웠던 일들을 고백하기로 했다. 이 세상 그 누구도 엄마 노릇을 완벽히 해냈다고 믿는 엄마는 없다. 모든 엄마들은 약간의 죄책감을 아이들에게 다 가지고 있다. 그걸 관객들과 공감하는 시간을 갖고 싶었다. 나 역시도 그런 엄마 중 하나였으니까. 나도 엄마 노릇을 하면서 참 많이 울었다. 아이도 제대로 못 키우는 것 같았고, 일도 마음처럼 잘 안 되던 30대에는 더욱 그랬다. 한 여자로서 한 엄마로서 어떻게 사는 게 맞는 건지 모르며 하루하루를 보냈다.

특히 처음 아이를 키워보는 초보 엄마 시절, 큰딸에게 못할 짓도 많이 했다. 그때 나는 엄마가 아니라 독한 언니처럼 굴었다.

"왜 회장 한 번을 못 해, 뭐가 어려워? 그냥 손을 번쩍 들어! 회장

하겠다고!"

우리 아이의 성품이 회장보다는 뒤에서 전체를 관망하는 쪽이라는 걸 이해하는 데 꽤나 오랜 시간이 걸렸다. 초등학교 때는 큰애가 자폐인 줄 알았다. 친구도 별로 없고 당시 인기 있었던 조성모 사진으로 온 벽을 도배만 했다. '가시나무' 같은 우울한 발라드를 초3짜리가 듣고 또 듣다니…. 아이는 내가 친구를 사귀게 해주려고 애써도 쉽게 친구를 만들지 못했다. 그때 느꼈던 죄책감은 말로 할 수가 없다. 내가 일을 해서 그래. 일을 잠시 쉴까? 집에서 딸을 보살피면 애가 달라질까?

중학생이 되더니 조성모는 에릭으로 바뀌었다. 에릭 사진으로 볼펜을 죄다 감고 다녔다. 고등학생이 되더니 완전히 다른 아이가 됐다. 한번은 학교에서 고3은 체육대회에 참가하지 말자는 의견이 나왔단다. 그때 우리 아이가 앞에 나가서 일장 연설을 했단다.

"대학은 떨어지면 다시 가면 되지만 고3 체육대회는 일생에 딱 한 번뿐입니다!"

이 주장이 아이들에게 감동을, 선생님들에게는 먹히는 논리가 되었고 체육대회에서 우리 아이 반이 1등을 휩쓸었다. 지금도 큰애는 그 이야기를 인생 최고의 무용담으로 간직하고 있다. 그렇게 아이는 고맙게도 스스로 잘 커주었다. 그래도 엄마 입장에서는 마음으로 늘 미안할 수밖에 없다.

"엄마가 만일 집에 있었다면 네가 다른 삶을 살게 됐을까?"

"엄마가 집에 있었어도 나는 지금처럼 살았을 거야. 엄마가 바꿀 수 없는 게 있어. 내 성품, 내가 좋아하는 거 싫어하는 거, 내 재능. 이런 건 엄마가 맘대로 바꿀 수 있는 게 아니야. 나 원래 뭔가를 이루는 데 시간 좀 걸리고, 막 나서는 스타일도 아니야. 그러니까 자책하지 마. 엄마는 엄마답게 최선을 다해서 잘 살아낸 거야."

"그래도 엄마랑 살면서 섭섭했던 거 속상했던 거 있지?"

"음… 있지."

"이번 공연 때 엄마가 과거의 실수에 대해서 고백하려고 해. 나 같은 고민을 하는 엄마들이 많거든. 혹시 네가 엄마한테 섭섭했던 거 말해줄 수 있어?"

"기억나는 거 몇 개 있긴 한데 생각나는 대로 메모해서 전해줄게."

며칠 후 큰애가 '섭섭 메모'를 들고 왔다. 그런데 무려 세 장이 넘었다. 헐…. 그중에 거짓은 없었다. 그러나 내가 기억하지 못하는 것들도 있었다. 그럴 때는 대개 아이의 기억이 맞다. 그걸 한 장 정도로 추려 '엄마 고발장'을 만들었다. 그리고 공연 때 그대로 읽었다.

우리 엄마를 고발합니다.

나이: 반백 살.

직업: 워킹 맘.

고발 사유: 지난 20여 년간 자기 일 하느라 바쁘다며 딸에게 수없는 만행을 저지름.

사건 일지

- 내가 여섯 살 때 바쁘다며 한여름에 유치원 간식으로 토스트 만들어서 호일에 막 싸줌. 그거 먹고 필름이 끊김. 눈 떠보니 병원 응급실. 장마 때라 토스트가 쉬어서 식중독 걸림. 너무 배 아파서 기절했음.
- 내가 아홉 살 때 아침에 머리 빗겨줄 시간 없다고 내 머리를 엄청 짧게 자름. 그리고 유행하던 엄정화의 포이즌 머리라고 막 우김.
- 내가 열두 살 때 가정통신문에 엄마 사인해 가야 하는데 자기 사인은 이렇게 하는 거라고 가르쳐줌. 앞으로 네가 다 하라고.
- 내가 열다섯 살 때 일한다고 주말 내내 방에서 안 나옴. 살아는 있나 걱정스러워서 베란다 창문으로 쳐다보니까 창문 닫고 커튼 침.
- 내가 열아홉 살 때 수능 전날 밤, 내일 도시락 싸 가야 한다고 했더니 엄청 화냄. 어떻게 수능같이 중요한 날 애들 급식을 안 하냐고 하면서.
- 내가 스무 살 때 엄마한테 너무 서운하고 힘들다고 했더니 네가 나한테 이러는 게 더 서운하고 이기적인 거라며 도리어 화냄. 결국 내가 "미안해, 내 생각만 해서"라고 사과하고 끝냄.

이런 엄마를 여러분께 고발합니다.

공연이 있던 날은 공교롭게도 아들이 일본에 있는 음대의 입시를 치르는 날이었다. 너무 떨린다면서 누나라도 와달라는 동생의 요청에 딸은 기꺼이 엄마를 대신해 비행기를 탔다. 그리고 공항에서 긴 문자를 보냈다.

엄마, 놀랐지? 내가 너무 긴 고발장을 써서. 근데… 그거 다 사실이야. 엄마는 다 기억 못 할지 모르지만 난 다 기억해. 그런데 말야, 그걸 쓰면서 느낀 게 있어. 나는 참 엄마를 잘 만났다. 이런 엄마를 만나서 다행이다. 그런 생각을 했어. 엄마 있잖아. 내가 다시 아홉 살로 돌아간다면 나는 스스로 머리를 짧게 자를 것 같아. 아침마다 내 머리 빗겨주는 10분을 엄마에게 선물할 수 있다면. 나는 지금도 머리를 계속 짧게 잘라. 생각해보면 엄마 덕분에 나한테 제일 잘 어울리는 머리를 찾은 것 같아. 엄마가 그때 창문 틈새로 커피만 받고 쏙 들어가버리던 시간이 없었다면 우리가 지금처럼 여유롭게 창밖을 보면서 커피를 마실 수 없었을지도 몰라. 엄마의 고된 노력이 지금의 우리를 만들어냈으니까. 아마 그때 내가 엄마 대신 사인하는 법을 몰랐다면 어른이 된 지금도 아이처럼 모든 결정에 엄마가 필요했을지 몰라. 그때 엄마가 도리어 서운하다고 네가 이기적이라고 하지 않았다면, 나는 아직도 나에게 당연한 것은 누군가에게도 당연한 일이라고 생각하는 이기적이고 편협한 사람이 됐을지도 몰라.

엄마 좋지? 지금 나랑 이렇게 웃으면서 옛날이야기 할 수 있어서. 나는 그것도 엄마가 책임감으로 치열하게 살아서 우리에게 선물한 여유라고 생각해.

나는 꼭 그런 사람이 되고 싶어.

내 책임으로 내 사랑으로 누군가에게 웃을 수 있는 여유를 줄 수 있는 사람.
엄마 같은 사람.
가끔 엄마는 나에게 미안하다고 말하지만 이제 그런 말 하지 마. 난 알아 이젠. 그렇게 살 수밖에 없었던 시간이었다는 걸. 엄마는 최선을 다해 엄마의 운명과 싸워왔다는 걸. 엄마 고마워.

이제 그만 미안해도 된다고 말하는 큰아이. 이 문자를 읽고 얼마나 많이 울었는지 모른다.
철모르고 시작한 엄마 노릇은 늘 실수가 많았다. 더구나 나는 내 꿈을 포기하지 않고 아이들과 그 시간을 동시에 나누어 쓰다 보니 더 미안한 일이 많았다. 그러나 이제 아이들은 다 컸고 어느새 '김미경이라는 여자'를 이해하고 있다. 순간순간 힘들어 미칠 것 같았던 시간들, 미안해서 가슴으로 울었던 시간들이 더 큰 이해와 사랑으로 돌아왔다. 큰아이의 문자를 읽으며 마음으로 대답해줬다.
그래 고맙다, 대견한 딸아.
천 번을 미안해도 나는 엄마였구나.

김미경의 인생 수업 2
엄마의 자존감 공부
천 번을 미안해도 나는 엄마다

초판 발행일 2017년 11월 8일
개정증보판 발행일 2025년 9월 1일

지은이 김미경
펴낸이 김수현

디자인 [★]규
표지 사진 양해성(studioFATCAT)

펴낸곳 도서출판 어웨이크
출판등록 2024-000121호 (2024년 5월 28일)
주소 서울시 마포구 신촌로2길 19 플랫폼P 318호
이메일 edit@awakebooks.co.kr

ⓒ 김미경, 2025
ISBN 979-11-993170-2-4 04320
　　　 979-11-993170-0-0 04320 (세트)

- 이 책은 저작권법에 따라 보호를 받는 저작물이므로 무단 전재와 무단 복제를 금합니다.
- 이 책 내용의 일부 또는 전부를 재사용하려면 반드시 저자와 출판사의 동의를 얻어야 합니다.
- 잘못 만들어진 책은 구입하신 서점에서 교환해 드립니다.